Schriftenreihe
des Vereins
für wirtschaftliche
und soziale
Fragen e. V.
Stuttgart
11

# Mehr Markt

Soziale
Marktwirtschaft
als politische
Ökonomie

von Wolfram Engels

Seewald Verlag Stuttgart

1. bis 20. Tausend


Gesamtherstellung
Augsburger Druck-
und Verlagshaus GmbH
Gesetzt in der Linotype
Garamond-Antiqua
ISBN 3 512 00450 4
Printed in Germany

# Inhalt

# Einleitung
# Markt, Bürokratie oder Chaos

Wenn die Arbeiter die Macht übernehmen, dann werden sie den alten bürokratischen Apparat bis auf die Grundmauern zerschmettern, werden ihn bis auf die Wurzeln vernichten.

Lenin, Staat und Revolution

Unsere lebendige Arbeit versinkt in einem toten Meer von Papier. Ein fauliger bürokratischer Sumpf saugt uns alle auf.

Lenin (nach der Revolution)

Vor vier Jahren habe ich bei Seewald eine Streitschrift mit dem Titel »Soziale Marktwirtschaft – verschmähte Zukunft« veröffentlicht. Das war ein Buch ohne Ewigkeitswert, auf die aktuelle politische Situation gemünzt. Seewald hat davon eine Viertelmillion abgesetzt; der Verlag drängte auf Überarbeitung. Ich wollte nicht. Das politische Klima hat sich seitdem gewandelt, die aktuellen Probleme sind andere. Ein Professor sollte überdies nicht zuviel Allgemeinverständliches schreiben, wenn er sich die Achtung seiner Kollegen erhalten will.

Dr. Seewald hat dann mit seinem berühmten Charme und einem opulenten Abendessen meine Frau gewonnen. So habe ich nachgegeben, zumal das Echo aus der Wissenschaft lebhaft war (ein Kollege aus Bremen, dessen Namen mir entfallen ist, hat der Schrift sogar eine umfangreiche und unfreundliche wissenschaftliche Besprechung gewidmet). Meine Bedingung war nur, daß an die Stelle des alten ein neues Buch treten sollte. Vor vier Jahren war die Marktwirtschaft vom Marxismus bedroht. Nachdem man aber die meisten Marxisten zu Professoren gemacht hat, ist der Marxismus keine geistige Kraft mehr. Das Problem von heute ist die Bürokratie.

Dr. Seewald wollte noch mehr: Das Buch sollte als Lehrbuch im Sozialkundeunterricht in Schulen verwendbar und gleichzeitig spannend sein. Überlastete Manager sollten so gefesselt werden, daß sie ihren Perry Mason aus der Hand legen; Lehrer und Pfarrer zum Engels greifen, um sich von Marx zu erholen. Damit bin ich überfordert. Die Versuchung zu Lehren war allerdings groß. Die Wissenschaft hat gerade das Einfache aus den Augen verloren. In der Ökonomie plagt man sich mit immer feineren Modellen; man sieht vor Zweigen den Baum nicht mehr, geschweige denn den Wald. Soziologie und Politologie sind in einer neuen Scholastik befangen. Man streitet sich um die »richtigen« Begriffe. Um Theorien mag man streiten. Begriffe definiert man.

Die Werturteile dieses Buches sind subjektiv. Mir graust davor, daß man uns Käfige überstülpt, den Schnabel aufsperrt und uns regelmäßig mit Trill füttert – zumal der Käfig immer ärmlicher wird. Unsere Linke ist altjüngferlich geworden. Ein glückliches Familienleben wird zum »Rückzug in die Familität«, die Freude am Fußball, an Peter Alexander oder am Karneval zur »Ersatzbefriedigung«. Glück und Pech, Abenteuer und Leistung, Freude und Liebe sind suspekt. Ich möchte die Freude an der Wirklichkeit nicht der Säuerlichkeit und Tristesse einer verwalteten Welt opfern. Es geht mir dabei nicht um die Welt der Unternehmer, sondern um eine Welt, in der man etwas unternehmen kann.

So ist aus dem Lehrbuch wieder eine Streitschrift geworden. Der Titel stammt aus einer Diskussion mit Johano Strasser. Auf meine Frage, ob die Jusos die Bürokratie an die Stelle des Marktes setzen wollen, antwortete er empört, die Jusos lehnten die Bürokratie ab. Das ist das Elend unserer Linken. Es gibt nur zwei Formen der gesellschaftlichen Organisation – Märkte und Bürokratien. Wer beides ablehnt, wählt das Chaos.

Für den Laien ist die Wirkungsweise von Märkten geheimnisvoll. Die Märchen von geheimen Verführern, von Manipulation, von Dunkelmännern im Hintergrund finden allzu leicht Glauben. Dagegen scheint das bürokratische (planrationale) System leicht verständlich und der Irrglaube an die Möglichkeiten bürokratischen staatlichen Handelns unbegrenzt. In der Wissenschaft ist es umgekehrt. Kein Gebiet der Organisation ist besser erforscht als der Markt; die Bürokratieforschung steckt in den Kinderschuhen.

Sehen wir uns in der Welt um, so haben wir eine kleine Zahl von Ländern, in denen die Völker wohlhabend und frei sind – die westlichen Demokratien. Sie haben den größeren Teil ihres Zusammenlebens in der Form von Märkten, den kleineren durch Bürokratie organisiert.

Die überwiegend bürokratisch gelenkten Länder sind die Länder mit »Zentralplanwirtschaften«. Hier sind die Völker unterdrückt und arm.

Ein Arbeitsloser in der Bundesrepublik Deutschland hat mehr Kaufkraft als ein Arbeitender in der DDR. Für den, der Entscheidungen auf Erfahrung gründet, ist die Wahl leicht: Lieber reich und gesund als arm und krank. Mit den Problemen wohlsortierter Regale und überquellender Mülltonnen lebt es sich angenehm.

Inzwischen werden in unserer Gesellschaft Krisensymptome deutlich. Der Irrglaube an die Machbarkeit hat uns zu dem Irrtum verführt, man könne Märkte ohne Leistung und Bürokratien ohne Herrschaft haben.

Das Ergebnis ist wirtschaftliche Lähmung, ist Verschwendung, sind erste Anzeichen von Chaos (»Unregierbarkeit«). Wir brauchen einen kleinen, aber handlungsfähigen Staat, wir schaffen einen großen, aber ohnmächtigen.

Gleichzeitig ist die Welt immer komplizierter geworden; genauer: wir haben sie immer komplizierter gemacht. Die Informationen, Meinungen, Theorien, die jeden einzelnen überfluten, ordnen sich nicht mehr automatisch zu einem »Weltbild«. Auf dem Boden der politischen Entfremdung wächst der Marxismus als Flucht in eine wohlgeordnete, heile Gedankenwelt, in der alle Sachverhalte in einigen wenigen Schubladen untergebracht (oder, marxistisch, »festgemacht«) werden. Der Marxismus ist der Western der Philosophie: Man erkennt den Bösen gleich am schwarzen Hut, den Helden am klaren, offenen Gesicht, und am Schluß siegt immer das Gute. Der Marxismus ist ein gesellschaftliches Krankheitssymptom – ein Problem nicht des Ökonomen, sondern des Sozialpsychologen.

Unsere Probleme liegen tiefer als Rohstoff- oder Energiemangel, Bevölkerungsexplosion und Hunger – die Gefahren liegen in sozialen Strukturen, die auf Herausforderungen der Zeit nicht oder falsch reagieren; Strukturen, in denen sich die vitalen Kräfte gegenseitig verzehren und damit Mangel und Hunger erzeugen. Eine unserer Verwirrungen liegt darin, daß diejenigen, die immer mehr durch zwingendes Recht festschreiben und die Strukturen verhärten, sich selbst »progressiv« und ihre Aktionen »Reform« nennen, während diejenigen, denen es um die Lernfähigkeit der Gesellschaft geht, heute »konservativ« heißen. Es geht nicht um Reform, sondern um Reformfähigkeit. Guter Wille ist zu wenig. Idealismus ohne Sachverstand ist gefährlich.

Viele Leser der »Sozialen Marktwirtschaft« haben mich getadelt, weil »die Jugend eine Idee brauche, an die sie glauben kann«. Man erwartete von mir eine rechte Ersatzreligion zum Kampf gegen eine linke. Welche Verkennung meiner Absichten! Es lohnt, auch für eine halbe Wahrheit zu kämpfen – gegen eine totale Lüge. Die Jugend muß sich nicht berauschen, sie muß erwachsen werden. Heute sind denn auch manche Schüler erwachsener als manche Lehrer.

Ich habe mich bei vielen zu bedanken, ganz besonders aber bei Dr. Norman van Scherpenberg, der eigentlich fast Koautor war, bei Elmar Pieroth, der mich ständig auf neue Probleme hetzt und bei meiner Frau, die allabendlich mit mir die Tagesproduktion diskutiert.

Wolfram Engels

# Organisationsformen der Gesellschaft

Sie müssen die Menschen nehmen, wie sie sind. Sie kriegen keine besseren.

Adenauer zu Globke

# Organisationstheorien sind keine Heilslehren

Im Mittelalter bis weit in die Neuzeit wurden Kriege für die Religion geführt, wurde im Namen einer Religion verfolgt, verbrannt, eingekerkert. Wir Modernen fühlen uns darüber erhaben. Aber auch heute werden noch Kriege geführt, werden Bomben geworfen, wird gefoltert und verfolgt. Zwar nicht für die Religion, aber für eine »Idee«: für den Anarchismus, Sozialismus, Kommunismus, Faschismus, Nationalsozialismus, Maoismus. Das sind Ideen über zweckmäßige Organisation der Gesellschaft. Früher setzte man sein Leben für die Religion ein; der moderne, aufgeklärte Mensch stirbt für eine Organisationstheorie.

Organisationstheorie ist Sozialtechnologie. Sie untersucht, wie sich das Zusammenleben der Menschen gestalten läßt, welche Ergebnisse bestimmte Organisationsformen hervorbringen, für welchen Zweck sie sich eignen.

Ein einfaches Beispiel: In der Kölner Mensa herrschte um die Mittagszeit Chaos. Es gab lange Schlangen am Schalter für Essenmarken und an der Essenausgabe. Sie gingen wirr durcheinander, versperrten die Wege. Die Studenten legten zuerst ihre Mappen auf einen freien Stuhl, suchten dann den Anfang der Schlange und kamen nach einer Viertelstunde an ihren Platz zurück. Der Speisesaal war ständig verstopft von den Studenten, die Platz suchten, und anderen, die das Essen an ihren Platz brachten. Nun ergriff die Mensaleitung zwei einfache Maßnahmen: Vor den Schaltern wurden Barrieren aufgestellt, durch die die Schlange im Zickzackweg durchging, und außerdem wurden Mappen auf leeren Stühlen sofort abgeräumt. Ergebnis: Die Schlangen wurden geordnet und nahmen wenig Platz ein. Jeder fand einen freien Stuhl.

Der Student sparte eine Viertelstunde; Hektik und Unordnung waren verschwunden.

An diesem Beispiel kann man fast alles lernen, was auch für ganz komplizierte Organisationen gilt. Die erste Lehre: Das Verhalten einer großen Menschenmenge kann man nicht durch Appelle beeinflussen. Es hätte keinen Sinn gehabt, die Studenten aufzurufen, sich ordentlich aufzustellen und keine Plätze zu belegen. Zweite Lehre: Das Zusammenwirken vieler führt oft dazu, daß sich alle gegenseitig schädigen – nicht aus bösem Willen, sondern weil das »System« (die Organisation) sie dazu zwingt. Die Barrieren am Schalter sind »allgemeine Regelungen«; in anderen Organisationen haben sie die Form von Gesetzen, Ermächtigungen, Arbeitsanweisungen, Verhaltensmustern, Moralvorschriften, Befehlshierarchien. Das Abräumen der Mappen ist eine »Sanktion«; in anderen Organisationen sind das Lob und Tadel, Strafe und Prämie, Anreiz und Beförderung.

Ein zweites Beispiel: In einem Hochhaus mit sechzig Parteien, werden die Heizkosten nach Quadratmetern umgelegt. Eine Hausfrau, die Energie verschwendet, muß nur $^1/_{60}$ davon selbst bezahlen. Spart sie Energie, dann kommt ihr nur $^1/_{60}$ der Ersparnis selbst zugute. Ergebnis: Überall im Haus stehen die Fenster offen bei voll aufgedrehter Heizung. Nun bringt die Hausverwaltung Heizkostenverteiler an, die den individuellen Energieverbrauch zählen. Jede Hausfrau spart nun für sich selbst, verschwendet auf eigene Kosten. Die Heizungskosten gehen insgesamt zurück.

Hier haben wir ein weiteres Grundproblem: Kompetenz und Verantwortung. Es begegnet uns wieder bei der Frage der öffentlichen Verschwendung, als »externe Effekte« in der Wirtschaftstheorie, als »Ausbeutung der Versichertengemeinschaft durch die Versicherten« im Gesundheitswesen, als Grundproblem der Tarifautonomie.

Wenn man einen schweren Wagen fortbringen will, dann kann man vier Gäule davorspannen. Das Ergebnis (die zurückgelegte Strecke) hängt davon ab, wie stark und willig die Gäule sind. Allerdings nur, wenn man alle Gäule *vor* den Wagen spannt. Spannt man zwei vorne und zwei hinten an, dann kommt der Karren nicht weiter, wie stark und willig die Gäule auch sein mögen.

Wem das zu banal ist: Genau nach diesem Prinzip werden bei uns Verteilungskämpfe ausgetragen, Universitäten organisiert, Konjunkturpolitik betrieben. Ist die Last hundertmal so schwer und haben wir vierhundert Gäule, so kann man alle an einem hundertfachen Karren spannen. Sind alle Gäule arbeitsscheu, so denkt jeder einzelne: Es wird schon nicht auffallen, wenn ich nicht mitziehe, meine dreihundertneunundneunzig Genossen werden es schon schaffen. Ergebnis: Der Karren bleibt stehen. Besser wäre es gewesen, man hätte je vier Gäule an hundert Karren gespannt. Das ist das Problem der Zurechenbarkeit. Es begegnet uns in vielen Gewändern: parasitäre Einkommen, Gruppenentscheidungen, bei denen keiner mehr für irgend etwas verantwortlich ist, wachsende Ineffizienz beim Größenwachstum von Bürokratien.

Zweckmäßige Organisation ist keine Frage des Glaubens, sondern eine Frage der Vernunft. Für Organisationstheorien lohnt es sich nicht zu sterben. Eine Organisation ist gut, wenn sie die Kräfte entfaltet und auf ein Ziel richtet. Ein Land, in dem die Menschen faul und dumm sind, wird mit keiner Organisation wohlhabend. Aber selbst das intelligenteste und fleißigste Volk bleibt in Armut und Unterdrückung, wenn es falsch organisiert wird, wenn die Kräfte sich gegenseitig blockieren. Nur so ist es zu erklären, daß ein Volk eine Hochkultur schafft und dasselbe Volk später in Armut und Bedeutungslosigkeit zurücksinkt: Griechen und Römer, Chinesen und Inder, Araber und Perser. Zivilisation und Wohlstand sind sterblich. Als die Germanen das Römische Reich überrannten und das spätrömisch-kapitalistische System zerstörten, versank Europa im finsteren Mittelalter. Es dauerte fünfzehnhundert Jahre, bis die Völker wieder den Wohlstand erlangten, den sie vorher gehabt hatten.

Die Menschen muß man nehmen, wie sie sind; nur die Organisation kann man gestalten. Es ist unsinnig, darüber zu klagen, daß Beamte faul, Professoren und Unternehmer konservativ, Studenten rebellisch seien, daß Arbeiter krankfeiern, Politiker und Gewerkschaftsführer zur Demagogie neigen, – sie alle tun nur das, was ihre Situation, das »System«, von ihnen verlangt. Würde man alle Unternehmer zu Gewerkschaftsführern, alle Gewerkschaftsführer zu Ärzten, alle Politiker zu Arbeitern machen – sie würden sich ebenso verhalten wie die Gewerkschaftsführer, Ärzte und Arbeiter heute. Der Politiker ist kein Volkserzieher, sondern ein Organisator.

## Markt und Bürokratie

Macht man sich von ideologischem Ballast frei, der sich mit Begriffen wie »Marktwirtschaft« oder »Planwirtschaft« verbindet, so bleiben Organisationsprinzipien übrig: Bürokratie und Markt.

Beide Formen haben dieselbe Aufgabe – die Koordinierung von Entscheidungen. In der bäuerlichen Gesellschaft waren die Haushalte gleichzeitig Produktionsstätten. Jeder erzeugt, was er selber braucht. Ein Organisationsproblem ergab sich erst aus der Arbeitsteilung. Nun gab es Haushalte, die nur noch Schuhe herstellten oder Möbel oder Wurst. Das Problem der Koordinierung blieb einfach: Der Handwerker arbeitet auf Bestellung. Bedeutung erlangte das Ordnungssystem erst mit dem Auftauchen moderner Fabriken. Eine Tuchfabrik erzeugt Tuche für »den Markt«. Nun muß die Tätigkeit aller einzelnen aufeinander abgestimmt werden – sonst gibt es große Mengen von Krawatten, aber keine Socken; Ziegelsteine, aber keinen Zement.

In der Wirklichkeit kommen weder reine Bürokratien noch vollkommene Märkte vor. Doch ist es nützlich, sich solche reine Formen (»Idealtypen«) vorzustellen.

Max Weber, der Vater der Bürokratietheorie, definiert die Bürokratie durch den Befehl. Bürokratien lösen das Koordinierungsproblem durch Hierarchien, also durch ein System von höheren und niedrigeren Entscheidungsebenen (Vorgesetzte und Untergebene). In solchen Hierarchien fließen Informationen von unten nach oben und Befehle von oben nach unten. Die Initiative zu Aktionen geht von der Spitze aus. Die Spitze einer Bürokratie braucht Macht und muß Gehorsam finden. Sie muß die Möglichkeit haben, Untergebene zu belohnen oder zu bestrafen. Dazu muß die Zentrale zunächst einmal wissen, ob den Befehlen gehorcht wird; sie muß kontrollieren. Der einzelne Untergebene trägt keine Verantwortung; er erfüllt Anweisungen.

Am Markt ist es umgekehrt. An die Stelle der Hierarchie treten Handelspartner. Am reinen Markt gibt es weder Befehl noch Herrschaft. An ihrer Stelle tritt der Handel, also Freiwilligkeit zu gegenseitigem Nutzen. Die Initiative am Markt geht von jedem einzelnen Marktteilnehmer – von der Basis – aus. Schließlich braucht ein Markt weder Macht noch Kontrolle. An ihre Stelle treten Motivation und Eigeninteresse. Der Marktpartner ist selbstverantwortlich; nicht das Einhalten eines Befehles, sondern das Erreichen eines Erfolges (die Leistung) zählt.

In Tabellenform:

| | Bürokratie | Markt |
|---|---|---|
| 1. Verhältnis der Teilnehmer zueinander | Hierarchie (=Unterordnung u. Überordnung) | Handel (=Gleichordnung) |
| 2. Entscheidungsfreiheit | Herrschaftssystem (keine Entscheidungsfreiheit) | herrschaftsloses System |
| 3. Handlungsantrieb | Befehl und Kontrolle | Motivation |
| 4. Initiative | von der Spitze | von der Basis |
| 5. Verantwortlichkeit | Gehorsam | Erfolg (=Leistung) |

Der Markt ist eine »linke« Einrichtung: unsere Linke tritt für Gleichberechtigung und Herrschaftslosigkeit, für Selbstverwirklichung (also Selbstmotivation), für Entscheidungen von der Basis ein. Sie kämpft gegen Befehl und Gehorsam, gegen Macht, Hierarchie und Entscheidungen von der Spitze.

Sobald sie sich genügend Organisationskenntnisse angeeignet hat, wird auf ihren Transparenten stehen: »Mehr Markt!«

In der liberalen Staats- und Wirtschaftstheorie wird das Verhältnis von Bürokratie und Markt auf die Formel »Wirtschaft oder Staat« gebracht. Den zentralen, bürokratisch organisierten Teil der Gesellschaft nennen wir »Staat«. Die Frage, ob man überhaupt einen Staat braucht, wird von Anarchisten verneint; die Kommunisten geben sich der Hoffnung hin, daß der Staat nach der Übergangsphase des Sozialismus von selbst abstirbt; die Altliberalen fordern den Minimalstaat.

Von ihrer Zielsetzung her sind Anarchisten und Kommunisten die engsten geistigen Verwandten der Liberalen. Nicht in den *Zielen*, in den *Mitteln* unterscheiden sie sich. Für den Liberalen sind Eigentum und Vertragsfreiheit die organisatorischen Instrumente, durch die Freiheit verwirklicht werden kann; für Anarchisten und Kommunisten ist Eigentum gerade das Übel, das Freiheit verhindert.

Die klassische Alternativstellung – »Wirtschaft oder Staat« – ist heute nicht mehr zeitgemäß. Sie traf den Sachverhalt, solange allein der Staat bürokratisch, die Wirtschaft marktmäßig organisiert war. Heute ist der Staat nicht nur der größte Marktteilnehmer als Kunde, sondern auch als Produzent.

Bürokratie ist umgekehrt nicht auf den Staat beschränkt. Betriebe stehen untereinander und mit den Konsumenten, Arbeitnehmern, Kapitalgebern in Marktbeziehung; im Innern sind sie bürokratisch gelenkt. Je größer die Unternehmen werden, umso größer wird das organisatorische Gewicht der Bürokratie, umso kleiner das des Marktes.

Schließlich sind ganze Wirtschaftszweige heute bürokratisch gelenkt: das Erziehungswesen vom Kindergarten bis zur Universität, das Gesundheitswesen, das Verkehrswesen, in geringerem Maße auch Bergbau, Energie, Landwirtschaft.

Wichtiger ist die immer breitere Skala von Übergangsformen zwischen Markt und Bürokratie. Moderne Unternehmen haben sich in ihrer inneren Organisation schon wieder weit vom Modell der reinen Bürokratie entfernt. Der erste Schritt ist bereits der Ersatz des Stundenlohns durch den

Leistungslohn. Beim Stundenlohn muß der Arbeiter kontrolliert werden; beim Leistungslohn wird Kontrolle durch Motivation ersetzt. In ihre Bürokratie wird ein Marktelement aufgenommen. Die Unternehmensentwicklung seit dem Krieg ist ein ständiger Ersatz von bürokratischen durch marktrationale Elemente. Entscheidungen und Befugnisse werden dezentralisiert; Kontrolle wird durch Motivation ersetzt; die Freiheitsspielräume der Untergebenen und ihre (Erfolgs-) Verantwortung wächst, die Initiative wird an die Basis verlegt. Moderne Konzerne werden nur noch an der langen Leine der Finanzen geführt.

Von einem Anwärter auf Führungspositionen wird nicht Gehorsam und Pflichterfüllung, sondern Initiative und Erfolg erwartet. Als wichtigste Führungseigenschaft gilt nicht mehr die Fähigkeit, sich durchzusetzen, sondern die Mitarbeiter zu motivieren. Verglichen mit der bürokratischen Unternehmensorganisation vor dem Kriege – etwa im Bergbau und der Stahlindustrie – ist das eine andere Welt.

Das klassische Beispiel bürokratischer Organisation ist die Armee. Schon die preußische Armee ging vom reinen Bürokratiemodell ab: An die Stelle des »Befehlsprinzips« trat das »Auftragsprinzip«. Einer Gruppe wird eine Aufgabe gestellt. Wie sie die Aufgabe bewältigt, ist ihre Angelegenheit. Dieses Prinzip unterschied die deutsche Armee noch im 2. Weltkrieg von den Armeen Frankreichs, der Sowjetunion und der USA. Militärkenner behaupten, daß die Selbstverantwortlichkeit der Gruppe die eigentliche Ursache der Leistungsüberlegenheit der deutschen Armee war.

Die Untauglichkeit der bürokratischen amerikanischen Heeresorganisation erwies sich in Vietnam. Einen Dschungelkrieg kann man nicht bürokratisch führen. Die Leistungsüberlegenheit einer »unbürokratischen« Armee zeigt sich bei den Israelis, die die preußische Organisation fortentwickelt haben. Dafür finden sich auch in alten Zeiten Beispiele – so waren die Menschenverluste im Dreißigjährigen Krieg am geringsten im Heere des »Kriegsunternehmers« Wallenstein.

Die Lehre von der Unternehmensorganisation hat aus zwei Richtungen Anstöße erhalten: von der Managementlehre und der Betriebssoziologie. Der Managementlehre geht es um Effizienz und Gewinn; der Betriebssoziologie um die Humanisierung der Arbeitswelt. Die Managementlehrer fordern den Abbau von Bürokratieelementen. Viele der Ausdrücke aus diesem Bereich sind weit über den engeren Kreis der Fachleute bekannt geworden: Management by Exceptions, Management by Goals, Management by Motivation, Profit-Center, Harzburger Modell. Die Soziologen fordern den Abbau von Bürokratieelementen wegen der Humanisierung der Arbeitswelt: Selbstverantwortlichkeit der Gruppen, Werkstattauslagerung, Initiative an die Basis.

Das, was die einen im Interesse der Humanität, die anderen im Interesse der Effizienz fordern, ist dasselbe. So finden sich linke Ideologen, praktische Unternehmer und forschende Theoretiker nahe beisammen. Die Ziele der Linken – Abbau von Herrschaft, Selbstverwirklichung, Initiative von der Basis – werden von den Unternehmen aus Eigeninteresse verwirklicht, von der Wissenschaft aus verschiedenen Motiven gefordert, von der Erfahrung bestätigt. Nur: Wer »Markt« sagt, muß auch »Leistung« sagen; wer »Bürokratie« sagt, muß auch »Herrschaft« sagen. Die Linke aber fordert Organisationsformen, die noch nicht erfunden sind.

## Demokratie: Eine Form der Herrschaft

Wenige Schlagworte hatten eine so große Karriere wie die »Demokratisierung«, wenige sind so ungreifbar und verschwommen. Ein Beispiel: Die Gastwirte in Frankfurt stellen ihre Speisekarten autonom zusammen, legen autonom die Preise fest. Die Gäste haben nichts zu sagen – ein undemokratisches Verfahren. Die Bürger der Stadt Frankfurt kommen nun auf die Idee, die Gastwirtschaften zu »demokratisieren«. Alle Speisekarten und Preise werden vom Magistrat – einer demokratisch gewählten Institution – festgelegt. Früher haben die Gäste unmittelbar auf die Gastwirte eingewirkt. Wenn ihnen eine Speisekarte nicht gefiel, dann gingen sie in ein anderes Restaurant oder aßen zuhause. Nun wird die Mitwirkung mittelbar: Die Bürger wählen das Stadtparlament, dieses den Magistrat. Aber, wenn der Magistrat Speisekarten und Preise festlegt, dann muß er entweder die Bürger zwingen können, in den Gastwirtschaften zu essen, oder er muß die Verluste der Wirte, denen die Gäste fehlen, aus der Stadtkasse bezahlen.

Hätten die Frankfurter durch die Demokratisierung der Wirtschaften irgend etwas gewonnen? Im Gegenteil; ihr Einfluß ist geschwunden; sie müssen die Kosten (in Form von Steuern oder Essenspflichten) tragen und Frankfurt wird für seine schlechte Gastronomie bald ebenso berühmt wie Ostberlin oder Moskau.

So könnte das Stadtparlament schließlich auch das private Mittagessen »demokratisieren«: Es wird abgestimmt, was es bei allen Familien zu Mittag gibt. Der Bürger verliert jedesmal seine Freiheit zugunsten von demokratischer(!) Herrschaft. Die schwarze Suppe der Spartaner war vielleicht demokratisch, aber noch längst nicht wohlschmekkend.

Das macht eines klar: *Demokratie ist eine Form der Herrschaft.* Demokratie ist eine Methode zur Bildung der Spitzen bürokratischen Organisationen (normalerweise des Staates).

Herrschaft wirft stets die Frage der Legitimation auf. Wo freie Bürger untereinander Verträge schließen und die Folgen ihrer Entscheidungen selbst tragen, da braucht es keine Legitimation. Deshalb ist die Frage nach der Legitimation im Modell eines reinen Marktes unsinnig; nur Macht muß legitimiert werden.

Für die Legitimation der Herrschaft gibt es eine Reihe von Prinzipien: Höhere Einsicht und Gottesgnadentum, Einverständnis der Beherrschten, Fähigkeit, Wirtschaftlichkeit. Das Gottesgnadentum rechtfertigte die Monarchie. Auf höhere Einsicht berufen sich alle Diktaturen von Hitler über Stalin bis Castro.

Dasselbe gilt für die extreme Linke. Wenn sie unsere Staatsform eine »bloß formale Demokratie« nennen und die »inhaltliche Demokratie« fordern, dann meinen sie, daß die höhere Einsicht, was dem Volke frommt, nur einer erleuchteten Elite zuteil wurde. Sie fordern die Diktatur einer Minderheit: ihrer eigenen.

In den westlichen Demokratien herrscht ein großes Maß an Übereinstimmung darüber, daß Legitimation der Herrschaft nur in der Zustimmung der Beherrschten bestehen könne und daß daraus das Mehrheitsprinzip folgt. So einfach ist das aber nicht. Niemand würde sich in ein Krankenhaus legen, in dem über die Behandlung der Patienten mit Mehrheit – vom Pförtner bis zum Buchhalter – abgestimmt wird. Die medizinischen Fakultäten wurden aus der »Demokratisierung« der Universitäten weitgehend ausgenommen – Abgeordnete könnten selbst in die Verlegenheit kommen, die Dienste einer Universitätsklinik in Anspruch zu nehmen. Niemand würde sich einem Flugzeug oder Schiff anvertrauen, auf dem statt des Kapitäns eine Mehrheit von Personal und Passagieren entscheidet. In all diesen Fällen akzeptieren wir die Autorität als hinreichende Legitimation für Entscheidungsbefugnis.

In anderen Fällen beugen wir uns den Notwendigkeiten der Wirtschaftlichkeit. Die Zeit ist begrenzt. Wenn eine mittlere Stadt in der Form von Bürgerversammlungen mit Abstimmung regiert würde, dann müßte jeder Bürger seine gesamte Zeit für politische Angelegenheiten opfern (er muß nicht nur abstimmen, sondern sich auch vorher informieren). Wir hätten zwar eine vollkommen demokratische Verwaltung – aber nichts mehr, was es zu verwalten gibt. An heutigen Universitäten brauchen Professoren ein Drittel ihrer Zeit für die demokratische Verwaltung. Vielen ist das zu wenig Demokratie. Es ist vielleicht wichtig, daß die Universität eine Demokratie sein soll, noch wichtiger aber bleibt, daß sie eine Universität ist. Auch Demokratie verursacht Zeit und Kosten – beides muß in einem vernünftigen Verhältnis zum Ertrag stehen.

Ebensowenig ist es selbstverständlich, daß aus der Forderung nach Zustimmung der Beherrschten das Mehrheitsprinzip folgt. Niemand hielte es für legitim, würde Amerika die Neger durch Gesetz diskriminieren, die Schweiz die rätoromanische Sprachen verbieten oder Frankreich Kellner, Elsässer oder Rothaarige mit Heiratsverboten belegen.

Diskriminierungen hat es gegeben und gibt es: von rassischen Minderheiten (Juden, Neger), von Berufen (»unreine« Berufe), von Körpermerkmalen wie der Rothaarigkeit. Fast niemand würde das »demokratisch« nennen, selbst wenn es mit Mehrheit abgestimmt worden wäre. Zur Demokratie gehört das Prinzip der Rechtsgleichheit, das Minderheiten die gleichen Entfaltungschancen sichert.

Eine andere Grundfrage der Demokratietheorie: Wer soll eigentlich an der Demokratie teilnehmen? Unsere heutige Antwort ist: Alle Erwachsenen, die der Gemeinschaft angehören. Was aber heißt »angehören«? Gastarbeiter leben in Deutschland, sind aber nicht wahlberechtigt. Ganz grundsätzlich muß man fragen, warum wir die Franzosen, die Ostdeutschen oder die Inder vom Wahlrecht in der Bundesrepublik ausschließen, warum wir es ihnen verweigern, unserer Gemeinschaft »anzugehören«. Die Antwort: Nur diejenigen sind wahlberechtigt, die die Folgen ihrer Wahlentscheidung zu tragen haben, die also unter einem Bürgermeister, einer Regierung, einem Parlament auch zu leiden haben. Das ist ein Ausdruck des organisatorischen Prinzips der Deckung von Kompetenz und Verantwortung.

Am Beispiel der Mitbestimmung läßt sich zeigen, wie schwer solche einfache Zusammenhänge auf den praktischen Fall anzuwenden sind. Nach altem Recht sind Teilnehmer an der Unternehmensdemokratie nur die Aktionäre. Alle anderen Gruppen – Arbeitnehmer, Kreditgeber, Lieferanten, Kunden – wirken auf das Unternehmen über den Markt ein (wie die Gäste auf unsere Gastwirte). Die Kreditgeber kündigen, wenn die Zinsen zu gering sind oder das Unternehmen zu hohe Risiken eingeht. Die Arbeitnehmer kündigen, wenn die Löhne zu niedrig oder die Arbeitsbedingungen zu schlecht sind; die Kunden wandern ab, wenn die Preise zu hoch sind oder die Qualität nicht angemessen ist. Aktionäre dagegen haben keine fest vereinbarte Dividende, wie Arbeitnehmer festvereinbarte Löhne und Kreditgeber feste Zinsen haben. Sie bekommen, was übrig bleibt. Der Aktionär kann seine Aktie nicht kündigen; er muß einen Nachfolger finden (die Aktie verkaufen). Im Verkaufspreis kommen die Erfolge oder Mißerfolge früherer Entscheidungen zum Ausdruck. Der Slogan von der »Gleichberechtigung von Arbeit und Kapital« ist oberflächlich: Dem Fremdkapital ist die Arbeit gleichberechtigt; dem Eigenkapital ist sie weder gleichberechtigt noch gleichverpflichtet.

Die Legitimation der Herrschaft des Eigenkapitals liegt darin, daß es die Folgen seiner Entscheidungen zu tragen hat. Bei vernünftiger Organisation wäre es die Chance der Mitbestimmung, den Arbeitnehmer nicht nur an der Verfügungsgewalt, sondern auch an der wirtschaftlichen Verantwortung, d. h. an Erfolg oder Mißerfolg, teilhaben zu lassen. Gerade das aber will man nicht – was wirkliche Mitbestimmung unmöglich macht.

Das eigentlich zentrale Problem der Demokratieforschung ist mit den Namen von Joseph Schumpeter und von Anthony Downs verbunden: Wie sichert man überhaupt, daß eine Summe von Mehrheitsentscheidungen zu einem Ergebnis führt, das die Mehrheit will? Bereits in der direkten Demokratie ist das wenig wahrscheinlich: Zwanzig Gesetze, die jedes für sich populär sind und eine Mehrheit finden, können in ihrer Gesamtheit zum Übel werden.

In der repräsentativen Demokratie wird es noch komplizierter. Abgeordnete vertreten nicht die Interessen ihrer Wähler, sondern ihre eigenen. Es ist nicht sicher, daß die Interessen von Ministern, Abgeordneten oder Bürgermeistern mit denen ihrer Wähler zusammenfallen. Die Weimarer Republik und die IV. Französische Republik waren sehr demokratisch. Beide waren handlungsunfähig.

Die längste Regierungszeit der IV. Republik hatte Laniel, eine Regierung, die sich dadurch auszeichnete, daß sie gar nichts tat. Eine der kürzesten war die sehr aktive Regierung Mendès-France.

In Frankreich wurde die IV. durch die V. Republik abgelöst. Sie hat Demokratieelemente abgebaut: große Vollmachten und lange Amtszeiten für den Präsidenten; Fast-Unmöglichkeit, eine Regierung zu stürzen. Die Weimarer Republik war am Ende so chaotisch, daß das Parlament freiwillig (im Ermächtigungsgesetz) der Nazi-Diktatur den Weg ebnete.

Die Bundesrepublik Deutschland hat ebenfalls demokratische Elemente abgebaut: die 5-Prozent-Klausel (sogenanntes Quorum) wurde eingeführt, die Stellung des Kanzlers und die des Verfassungsgerichts gestärkt; der Sturz einer Regierung sehr erschwert. Niemand in Frankreich wünscht sich die IV. Republik zurück; niemand in Deutschland die von Weimar. Die europäische Agrarpolitik wurde in einem mehrstufigen Prozeß von Mehrheitsentscheidungen, auf der höchsten Ebene sogar einstimmig beschlossen. Das Ergebnis ist ein System, das keiner mehr will – nicht einmal die Bauern.

In der Demokratisierungsdebatte der letzten Jahre wurde die Demokratie zum Ziel an sich, zum letzten Wert, zum Inbegriff alles Schönen, Guten, Wahren. Demokratie ist aber nur eine Herrschaftsform; kein Zweck, sondern ein Mittel. Es gibt Zwecke, für die sich die Organisationsform der Bürokratie eignet und es gibt Bürokratien, deren Organisationsspitze demokratisch gebildet werden sollte. Wo Freiheit möglich ist, wird jede Herrschaft – auch die demokratische – ein Übel. Wo man nur die Entscheidung, nicht aber die Verantwortung demokratisiert, wird die Demokratie zur Katastrophe.

# Streifzug durch die Organisationslehre

## Ein Lob der Bürokratie

Von Zeit zu Zeit gibt es Katastrophen – Brand, Überschwemmung, Sturm. Die Bundesregierung verkündet dann mit schöner Regelmäßigkeit, den Betroffenen würde »rasch und unbürokratisch« geholfen. Bürokratisch – das heißt nach allgemeinen Regeln, nach generellen Anweisungen. Unbürokratisch wäre die Hilfe, wenn der Bundeskanzler oder ein Ministerialrat frei entscheiden könnte, wer etwas bekommt und wieviel. Unbürokratisch kann ein absoluter Monarch oder Diktator handeln; Bundeskanzler oder Ministerialrat sind an Recht und Gesetz gebunden. Den Opfern muß rasch, *aber bürokratisch* geholfen werden – alles andere wäre ein Skandal.

Max Weber war nicht nur der Vater der Theorie der Bürokratie; er war auch ihr größter Bewunderer. Er betont, daß Bürokratie ein Ziel wirksamer erreichen kann als primitive Organisationsformen, in denen nach Herkommen und Brauch geherrscht und verwaltet wird. Der moderne bürokratische Staat ist ein Fortschritt gegenüber der Stammesorganisation und der absoluten Monarchie. Ein Verwaltungsapparat, der nach allgemeinen Regeln arbeitet, mit festen Beamtengehältern ist der Pfründenwirtschaft (in der mit dem Amt auch eine Einkommensquelle verbunden war) überlegen. Der preußische Verwaltungsapparat und die Bindung der Herrschenden an das Gesetz, also die zweckrationale Bürokratie, gehören zu den bedeutendsten kulturellen Errungenschaften der Neuzeit.

Aufgabe jeder Organisation ist die Zusammenarbeit vieler Einzelner zu einer gemeinsamen Aufgabe. Die Bürokratie erledigt die Aufgabe durch zentrale Pläne. Jedem Organisationsmitglied wird gesagt, was er zu tun oder nach welchen

Regeln (Gesetze, Anordnungen) er sich zu verhalten hat.

Der Markt erledigt seine Aufgabe durch ein Preissystem. Die Produzenten bieten Güter an, die Konsumenten fragen Güter nach. Ist die Nachfrage für ein Gut größer als das Angebot, dann steigt der Preis. Die Hersteller haben größere Gewinne. Sie dehnen die Produktion aus, bis die überschüssige Nachfrage befriedigt und der Preis wieder gesunken ist. Bei überschüssigem Angebot ist es umgekehrt. Der Konsument entscheidet durch seine Nachfrage darüber, was produziert wird. Kann man ein Gut mit einem Produktionsverfahren billiger herstellen als mit einem anderen, dann können Hersteller, die das Verfahren anwenden, ihre Konkurrenten unterbieten. Sie wachsen, die Konkurrenz schrumpft. Oder: Sind in der Eifel die Löhne niedriger als im Ruhrgebiet, dann wird ein Unternehmen in der Eifel seinen Konkurrenten an der Ruhr überflügeln. Die Produktion verlagert sich. Das gilt nicht nur für Güter, sondern auch für Arbeit und Kapital. Sind Kraftfahrzeugmechaniker knapp, dann erzielen sie hohe Preise, also ein gutes Einkommen. Das ist für viele junge Leute ein Anreiz, Kraftfahrzeugmechaniker zu werden. Verdient das Kapital in der Textilindustrie 2 Prozent, in der Touristik aber 20 Prozent, dann wird in der einen Branche Kapital abgezogen und in der anderen angelegt. Die Rendite in der Textilindustrie steigt und sie sinkt in der Touristik – so lange, bis die Rendite in beiden Branchen wieder gleich ist. So entscheidet der Markt durch den Preismechanismus, was produziert wird, wie produziert wird und wo produziert wird.

Welche Organisationsform – Markt oder Bürokratie – die bessere ist, kann nur am konkreten Problem entschieden werden. Betriebe werden bürokratisch gelenkt. Innerhalb der Betriebe verkauft nicht der eine Arbeiter sein Produkt an den andern. Die Koordination erfolgt zentral über Stücklisten, Maschinenbelegungspläne, Arbeitsabläufe. In der Betriebswirtschaftslehre gab es in den zwanziger und dreißiger Jahren eine wissenschaftliche Diskussion darüber, ob ein Betrieb eine Bürokratie sein muß, oder ob er auch als Markt organisiert werden kann. Als Beispiele der von Eugen Schmalenbach propagierten »pretialen Betriebslenkung«

wurden oft die Schuhfabrik Bata und das Kaufhaus Hermann Tietz (heute Hertie) genannt. Man kann in beiden Fällen zeigen, daß die Organisationsform »Markt« nicht funktionieren kann.

Die Bedingungen, unter denen der Markt als Organisationsform nicht befriedigend arbeitet, sind gut erforscht. Es sind besonders Komplementaritäten und externe Effekte. Der Fall der Komplementarität ist am auffälligsten bei Grundstücken. Wenn man mehrere Grundstücke braucht, um darauf ein Hochhaus oder eine Straße zu bauen, dann ist das ganze Projekt nicht durchführbar, wenn sich auch nur ein einziger Grundeigentümer sträubt. Weil aber jeder das weiß, versucht auch jeder, einen möglichst hohen Preis herauszuholen. Addiert man dann alle einzelnen Preisforderungen, so lohnt sich das Projekt nicht mehr. Im Falle des Straßenbaus hilft man sich durch Zwang (Enteignung). Man braucht einen Schiedsrichter oder eine höhere Gewalt (den Staat).

Das beliebteste Beispiel für den zweiten Fall – externe Effekte – ist der Umweltschutz. Kraftfahrzeuge verschmutzen die Luft, Papierfabriken verschmutzen das Wasser, ohne daß die Geschädigten Ersatz verlangen können. Die Kosten des Papiers werden teilweise von anderen getragen (externe Kosten), die Erträge hat die Papierfabrik. Den entgegengesetzten Fall haben wir beim Wald. Der Wald trägt zur Verbesserung der Luft, zur Regulierung des Wassers und zur Erholung der Städter bei – ohne daß die Waldbesitzer den Begünstigten eine Rechnung ausstellen können. Sie haben die Kosten, nicht aber die vollen Erträge des Waldes (externe Erträge). Im Ergebnis wird zuviel Papier und zu wenig Wald produziert.

Den Extremfall externer Effekte bilden die öffentlichen Güter. Das sind Güter, für die überhaupt niemand freiwillig etwas bezahlen würde, die man am Markt nicht verkaufen kann: Polizei und innere Sicherheit, Armee und äußere Sicherheit, Wasserregulierung, Küstenschutz, Verkehrsregelung; Rechtssystem und Justiz. Solche Güter kann man nur über Zwangsumlagen (Steuern, Gebühren, Beiträge), nicht aber über Preise finanzieren. Der Markt würde sie nicht hervorbringen; man muß zumindest ihre Finanzierung bürokratisch organisieren. Man braucht einen Staat.

Komplementaritäten und externe Effekte am Markt kann man heilen. Komplementaritäten sind nur dann gefährlich, wenn die Anbieter von Komplementärgütern ein Monopol haben. So sind Autos, Reifen und Benzin komplementäre Güter – keines hat einen Wert ohne die beiden anderen. Da aber die Hersteller von Autos, von Reifen und von Benzin untereinander in Wettbewerb stehen, tritt kein Schaden ein. Im Grundstücksbeispiel war das anders: Hier hatte jeder Grundeigentümer ein Monopol. Deshalb funktioniert der Markt *zwischen* Betrieben, nicht aber *im* Betrieb. Jede vorgelagerte Abteilung hat ein Monopol gegenüber der nachgelagerten, und sie produziert ein Komplementärgut. Komplementarität ist nur dann ein Hindernis für die Organisationsform »Markt«, wenn sich Wettbewerb nicht herstellen läßt.

Der historische Standardfall externer Kosten waren die Bergschäden: Grundstücke, unter denen Kohle abgebaut wurde, senkten sich ab. Die Lösung: Bergwerksgesellschaften wurden gezwungen, die Bergschäden zu ersetzen. Nun waren aus »externen« Kosten interne geworden. Dasselbe Prinzip wendet man heute beim Umweltschutz an. Nach dem »Verursacherprinzip« müssen diejenigen, die beispielsweise Wasser verschmutzen, auch die Kosten seiner Reinigung tragen. Solche Probleme kann man nicht dadurch lösen, daß man an den guten Willen der Beteiligten appelliert. Man kann nicht von den Farbwerken Hoechst verlangen, daß sie unter hohen Kosten ihr Wasser reinigen, ohne gleichzeitig dafür zu sorgen, daß auch die Konkurrenz das Wasser reinigen muß. Deshalb kann man das Problem der Umweltverschmutzung – wie überhaupt jedes Problem externer Effekte – nur mit Mitteln einer allgemeinen Gesetzgebung (mit Geboten und Verboten, Subventionen und Steuern) lösen. Man kann den Marktmechanismus in Ordnung bringen – aber man braucht dazu den Staat als Organisator und Zwang als Organisationsmittel.

Umgekehrt kommen externe und Komplementäreffekte auch in bürokratischen Organisationen vor. Wer Verkehrsnachrichten hört, dem wurde jahrelang mit großer Regelmäßigkeit vom Verkehrsstau an der Urselbach-Talbrücke (auf der Autobahn zwischen Frankfurt und Bad Homburg) berichtet. Diese Brücke (im Volksmund Urselbach-Talsperre) mag vier Millionen DM gekostet haben. Der Zeitverlust und Benzinverbrauch der Autofahrer in dieser Zeit dürfte bei dreißig Millionen gelegen haben. Aber diese Kosten tauchten in der Kalkulation der staatlichen Bauämter nicht auf – sonst hätte man gemerkt, daß es viel billiger gewesen wäre, eine Million zuzulegen und die Brücke statt in drei Jahren in drei Monaten zu bauen. So sieht man auf jeder Autobahn Baustellen, auf denen nicht gearbeitet wird. Das Absperren kostet scheinbar nichts – es kostet nur das Geld und die Nerven der Autofahrer.

Die meisten haben schon erlebt, daß die städtischen Wasserwerke eine Straße aufreißen und wieder zuschütten. Drei Wochen später kommt die Post, reißt auf und schüttet zu und ein paar Tage darauf macht das Elektrizitätswerk dasselbe. In großen Industriebetrieben liegen alle Leitungen in begehbaren Kanälen; es braucht überhaupt keine Straße aufgerissen zu werden. Begehbare Kanäle sind zwar teurer – aber ein einziges Straßenaufreißen macht die Mehrkosten wett. Die Ursache der Verschwendung sind externe Effekte der Staatsbürokratie: Die begehbaren Kanäle müßte die Gemeinde bezahlen, den Nutzen hätte die Post, das Wasser- oder Elektrizitätswerk.

Solche Fälle sind immer Organisationsfehler. Man kann sie beseitigen. Dagegen können in der Organisation »Markt« Fehler auftreten, die man nicht oder nicht ohne Staatseingriff beheben kann. Die Bürokratie ist universeller als der Markt. Bürokratisch kann man jedes Organisationsproblem lösen, mit dem Markt nicht mehr. Dafür löst der Markt manche Aufgaben besser.

## Wettbewerb oder wie alle mit Konflikten besser leben

Organisationen haben Ziele: Eine Armee soll das Land schützen, die Kirche will die Menschen zum Glauben führen, ein Bergwerk Kohle fördern. In manchen Fällen sind die Ziele der Organisation auch die Ziele ihrer Mitglieder. Die Mitglieder identifizieren sich mit der Organisation. Das persönliche Ziel eines Pfarrers sollte dasselbe wie das der Kirche sein. In anderen Fällen hat das Mitglied zwar eigene Ziele; es gibt jedoch im Zweifel dem Organisationsziel den Vorzug. Wir sprechen dann von *Loyalität* oder *Pflichtbewußtsein*.

In den weitaus meisten Fällen sind die Ziele der Organisation andere als die ihrer Mitglieder. Ein Bergmann braucht viel weniger Kohle, als er selbst fördert; ein Maurer weniger Wohnungen, als er selbst baut; einem Abgeordneten liegt meist weniger am Wohl des Staates als an seiner eigenen politischen Karriere. In diesen Fällen gibt es zwei Möglichkeiten: Entweder die Organisation kann ihr Mitglied zur Mitarbeit *zwingen*, oder die Organisation muß ihr Mitglied *motivieren*. Motivation ist gegenseitige Förderung. Die Organisation hilft dem Mitglied bei der Verwirklichung seiner eigenen Ziele, wenn das Mitglied die Interessen der Organisation fördert. Der Bergmann will keine Kohle, sondern Einkommen. Das Bergwerk zahlt ihm einen umso höheren Lohn, je mehr Kohle er fördert. Der Abgeordnete will wiedergewählt werden. Die Chance seiner Wiederwahl wird umso größer, je besser er die Interessen seiner Wähler vertritt. Die Interessen der Organisation und der Organisationsmitglieder sind nun gleichgerichtet. Der Abgeordnete wie der Bergmann wird im eigenen Interesse genau das tun, was er im Interesse der Organisation tun sollte.

»Konflikt« und »Interesse« sind heute Schlagwörter. Man sagt, Konflikte dürften nicht unter den Teppich gekehrt werden; man müßte sie austragen; man geht davon aus, daß bestimmte Interessengegensätze naturgegeben, ihre Durchsetzung eine reine Machtfrage sei. Das ist zu einseitig. Die Aufgabe der Organisation besteht darin, Interessenlagen zu gestalten, Konflikte zu beseitigen und die Konfliktaustragung so zu arrangieren, daß der Konflikt dem Organisationsziel nützt.

Ein Beispiel aus dem Betrieb: Eine Spinnerin wird im Akkord nach der Menge des produzierten Garnes bezahlt. Sie läßt die Maschinen schnell laufen, erzeugt dabei aber sehr viel Abfall. Sie produziert viel, aber teuer. Der Betrieb möchte billig produzieren. Zwischen dem Interesse der Spinnerin und dem des Betriebes besteht ein Konflikt. Wenn der Betrieb einen guten Organisator hat, dann wird er der Spinnerin eine Prämie für Verminderung des Abfalls zahlen. Der Konflikt ist verschwunden: Die Spinnerin wird nun im eigenen Interesse genau so produzieren, wie es im Interesse des Betriebes am vernünftigsten ist. Durch die Beseitigung des Konfliktes ist ein zusätzlicher Ertrag entstanden. Von diesem Ertrag bekommt einen Teil die Spinnerin in Form der Qualitätsprämie, einen Teil der Betrieb in Form von Produktionskostenersparnissen. Der größere Teil aller Konflikte beruht auf Organisationsfehlern. Der größere Teil aller Interessen ist nicht naturgegeben, sondern organisatorisch gestaltbar.

Unter den zahlreichen Konflikten und Konfliktmöglichkeiten läßt sich nur ein einziger organisatorisch nicht beseitigen: der Verteilungskonflikt. Er bleibt auch im Beispiel der Spinnerin.

Wenn der Ertrag der Konfliktbeseitigung fünftausend DM pro Jahr ist, dann kann man entweder der Spinnerin oder dem Betrieb alles geben. Beide Lösungen sind unpraktisch, weil im einen Fall die Spinnerin im anderen der Betrieb nicht an der Konfliktbeseitigung interessiert ist. Die Lösung (und damit deren Ertrag) kommt nicht zustande. Aber zwischen Alles und Nichts gibt es eine Fülle von Verteilungsmöglichkeiten, und darüber bleibt ein Konflikt erhalten.

Für die Austragung von Konflikten gibt es drei Möglichkeiten: Kampf, Einigungsverfahren und Wettbewerb. Zum Kampf gehören so unterschiedliche Formen wie Krieg, Raub und Einbruch, Boykott und Streik. Bei jedem Kampf wird das, was insgesamt zu verteilen ist, vermindert. Nach einem Krieg ist selbst der Sieger ärmer. Die Teppiche oder Bilder, die ein Einbrecher mitnimmt, haben für ihn einen viel geringeren Wert als für den ursprünglichen Besitzer (er bekommt vom Hehler nur einen kleinen Teil des Preises). Streik bedeutet Produktionsausfall, also Minderung des verteilbaren Ergebnisses. Hat der Streik Drittwirkungen (externe Effekte), dann kann der Schaden insgesamt viel größer als jeder Verteilungserfolg sein. Der Streik der New Yorker U-Bahn, der englischen Docker oder der deutschen Fluglotsen hat die Allgemeinheit hundertmal soviel gekostet, wie die streikenden Arbeitnehmer im günstigsten Fall herausholen konnten.

Tritt an die Stelle des Kampfes die Einigung, so wird die verteilbare Masse wenigstens nicht geschmälert. Ein guter Teil des Fortschritts der Menschheit liegt darin, daß Kampf durch Einigung ersetzt wird. An die Stelle des Rechts des Stärkeren tritt ein Gerichtsurteil (ein formelles Einigungsverfahren). Der große Erfolg der deutschen Gewerkschaften liegt darin, daß sie anstelle von Kampfmaßnahmen Einigungsverfahren setzten. In anderen Ländern – beispielsweise Großbritannien – wurde durch Kampf das verteilbare Ergebnis so sehr gemindert, daß für alle, einschließlich der Arbeitnehmer, wenig übrig blieb.

Einigung und Urteil sind nur dann von Schaden, wenn einer der Partner das Interesse an der Kooperation verliert. Würde ein Schiedsurteil unserer Spinnerin mehr als den Gesamterfolg der neuen Lohnformel zusprechen, dann würde der Betrieb sie gar nicht erst einführen. Vereinbaren Arbeitgeber und Arbeitnehmer Löhne, die für einige Arbeitgeber zu hoch sind, dann geben sie die Kooperation auf. Sie erleiden geringere Verluste, wenn sie die Maschinen stillstehen lassen, als wenn sie weiterproduzieren. Es entsteht Arbeitslosigkeit.

Das einzig produktive Verfahren der Konfliktaustragung ist der Wettbewerb. Professoren leben in Konflikten darüber, wer von ihnen der größte und bedeutendste ist. Sie tragen den Konflikt durch Wettbewerb der Ideen aus, forschen und veröffentlichen ihre Forschungsergebnisse. Sind die Ergebnisse neu und wichtig, dann steigt ihr Ansehen.

Der Konflikt um Ansehen und Prestige trägt den Fortschritt der Wissenschaft. Unternehmen stehen im Konflikt um das Geld des Konsumenten. Verbessert ein Unternehmen die Produktionsmethode, so kann es billiger anbieten, Marktanteile gewinnen und den Gewinn vergrößern. Die

Wettbewerber sind gezwungen nachzuziehen. Am Schluß haben möglicherweise wieder alle denselben Gewinn und denselben Marktanteil – die Allgemeinheit aber hat mehr Güter. Während beim Kampf die Drittwirkungen negativ sind (externe Kosten), sind sie beim Wettbewerb positiv (externe Erträge).

Es wird oft als Nachteil des Wettbewerbs empfunden, daß er niemals völlige Gleichheit zuläßt. Würde man eine Methode erfinden, die sicherstellt, daß im Fußball beide Mannschaften gleichviel Tore schießen, so gäbe es kein Fußballspiel mehr. Wettbewerb findet nur dort statt, wo wenigstens die Aussicht besteht, daß man gewinnen kann.

Wettbewerb erfordert und erzeugt Ungleichheit. Für die praktische Lösung gesellschaftlicher Organisationsprobleme ist damit nichts gewonnen. Man muß wissen, *wieviel* Ungleichheit nötig ist, damit Wettbewerb zustandekommt, und ob andere Formen der Konfliktaustragung weniger Ungleichheit bewirken.

Man kennt eine Reihe von Fällen, in denen die Ungleichheit so klein wird, daß ein wünschenswerter Wettbewerb nicht zustande kommt. Der Staat greift ein, um die Ungleichheit zu vergrößern. Das ist der Fall beim Patentrecht. Könnte jeder eine Neuerung sofort kopieren, dann wäre der Ideenwettbewerb zu klein. Niemand würde Zeit, Mühe und Geld opfern, um Erfindungen zu machen. So paradox es sich anhört: Der Staat schafft mit dem Patentrecht künstlich Monopole, um den Wettbewerb zu fördern.

Man muß dem Neuerer wenigstens einen kleinen Teil des Nutzens lassen, den er der Allgemeinheit bringt. Aber wieviel? Anton Zischka bringt zwei Beispiele. Rudolf Diesel erfand einen Motor, durch den die Leistungsausbeute bezogen auf den Energieeinsatz um ein Drittel verbessert wurde. Zischka schätzt den gesellschaftlichen Wert der Erfindung auf siebenhundertzwanzig Milliarden DM. Haber und Bosch entwickelten ein Verfahren zur Stickstoffgewinnung aus der Luft; der Wert liegt nach Zischka bei zehn Milliarden DM pro Tag. Diesel, Haber und Bosch erhielten von den Werten, die sie schufen, nur kleine Bruchteile eines Prozents. Wer hat den Rest bekommen?

Die Produktivitätssteigerung beruht zum allergrößten Teil auf technischem Fortschritt. Sie wird jedes Jahr in Form von Lohnerhöhungen an alle verteilt. Die Kunststopferin von heute leistet nicht mehr als ihre Großmutter, der Briefträger nicht mehr als sein Vorgänger im alten Preußen und für Lehrer, Professoren oder Richter gilt das erst recht. Sie haben aber ein Vielfaches an Lohn. Wir alle kassieren das, was Diesel, Haber, Bosch und zahllose andere Neuerer geschaffen, aber nicht selbst bekommen haben.

Die Formen der Konfliktaustragung sind bestimmten Organisationsformen zugeordnet. Kampf ist eine unorganisierte (chaotische) Form. Einigung, Schiedspruch, Urteil und Machtspruch sind die Formen der Bürokratie, Wettbewerb ist die Form des Marktes. Anarchie wäre möglich, wenn sich alle Konflikte beseitigen ließen; wenn die Handlungen jedes einzelnen die Mitmenschen nicht stören oder deren Ziele gar fördern würden. Reine Marktorganisation wäre möglich, wenn man die Interessen entweder gleichrichten oder alle Konflikte im Wettbewerb lösen könnte. Soweit das nicht möglich ist, braucht man Bürokratie – und damit Staat.

## Das Leistungsprinzip und seine Entartung

Wie die Bürokratie das Problem der Koordination durch Zentralplan und Befehl löst, so auch das der Verteilung. Die Organisationsspitze setzt fest, was jedes Mitglied der Organisation bekommen soll. Die Verteilung ist in der bürokratischen Organisation eine Frage der Macht.

Prinzipiell ist in der Bürokratie völlige Gleichheit möglich, wenn die Macht der Organisationsspitze groß genug ist. Die meisten Organisationen verfügen nicht über soviel Macht.

Wenn ein Betrieb alle Mitarbeiter gleich bezahlte, dann würden diejenigen abwandern, die in anderen Betrieben mehr verdienen können. Die Macht der Unternehmung wird durch den Markt begrenzt. Das gilt sogar für Staaten: Bürger, die im Ausland mehr verdienen könnten, wandern aus.

Nur wenn man auch diese Möglichkeit abschneidet, also – wie die DDR – Auswanderung verbietet, ist vollkommene Gleichheit möglich.

Damit wird Gleichheit noch nicht wahrscheinlich. Bürokratie beruht auf Macht, und die Macht liegt in den Händen von Personen: Es wäre verwunderlich, wenn sie sich selbst nicht auch höhere Einkommen zukommen ließen.

In der Bürokratie sind Produktion und Verteilung verschiedene Dinge. Am Markt fällt Produktion und Verteilung zusammen. Das Grundprinzip der Verteilung am Markt lautet: Jeder bekommt soviel, wie er selbst beiträgt. Wenn ein Tomatenzüchter einen größeren Anteil am Volkseinkommen haben möchte, dann muß er mehr Tomaten produzieren. Er kann nur dadurch einen größeren Anteil bekommen, daß er selbst die Gesamtproduktion vergrößert. Das ist die Grundaussage der sogenannten Grenzproduktivitätstheorie der Verteilung an Märkten.

Wir haben uns heute weitgehend daran gewöhnt, in bürokratischen Verteilungskategorien zu denken. So fordern die Entwicklungsländer bis zum Jahre 1990 einen Anteil von vierzig Prozent am Welteinkommen. Dahinter steht die Vorstellung, das Welteinkommen im Jahre 1990 sei eine fest vorgegebene Größe, die es zu verteilen gelte. Das Welteinkommen ist aber die Summe dessen, was alle zum Weltprodukt beitragen. Das Gefährliche an einer solchen Denkhaltung – national wie international – ist die Selbsttäuschung, die darin liegt, daß man nicht seiner eigenen Kraft und Tüchtigkeit vertraut, sondern nebulösen Gebilden wie einer »neuen Weltwirtschaftsordnung«.

An Märkten ist Verteilung keine Frage der Macht, sondern eine Frage der Leistung. Wo immer Güter knapp sind (ob es sich nun um Konsumgüter, um Freizeit, um Selbstverwirklichung handelt), da müssen diese Güter nach irgendwelchen Prinzipien zugeteilt werden.

In Bürokratien gilt das gleiche für Positionen. Da nicht jeder Vorstand oder Bundeskanzler oder Bundesbankpräsident werden kann, muß es irgendein Prinzip geben, nach dem ausgewählt wird. Solche Prinzipien gibt es viele: das Prinzip von Geburt und Adel, das Prinzip der besseren Bewaffnung, das Prinzip des Schlangestehens, das Windhund-Prinzip (wer zuerst kommt, mahlt zuerst), das Prinzip der größeren Lautstärke oder des richtigen Parteibuchs.

Wer immer das Leistungsprinzip angreift, muß sagen, was er an seine Stelle setzen will. Das Leistungsprinzip ist vielleicht nicht gerecht, aber wohl gerechter als die meisten anderen. Vor allem aber ist es zweckmäßiger. Derjenige bekommt einen größeren Teil der knappen Güter, der zur Verminderung der Knappheit beiträgt.

Was »Leistung« ist, wird am Markt vom Markt selbst beurteilt. Jeder Anbieter, ob von Gütern oder von Arbeitskraft, muß irgend jemand finden, der ihn dafür bezahlt. In der Bürokratie dagegen wird das, was Leistung ist, nicht von einem anonymen Markt, sondern vom Vorgesetzten beurteilt. Deshalb entartet das Leistungsprinzip in der Bürokratie leicht zu Liebedienerei und Speichelleckerei. Je unabhängiger eine Bürokratie ist, über je mehr Macht sie verfügt, umso leichter entartet das Leistungsprinzip. Ein Unternehmen ist auf die Leistung seiner Mitarbeiter angewiesen; die Unternehmen stehen untereinander im Wettbewerb um tüchtige Kräfte. Deshalb herrscht ein gewisser Zwang zum Leistungsprinzip. Für staatliche Bürokratien gilt das viel weniger. Eine Planwirtschaft tendiert stets auch zur Günstlingswirtschaft. Am Markt bedarf es aber keines Leistungsdruckes. Wer sich mit weniger zufrieden gibt, braucht auch weniger zu leisten. Zum Druck führt das Leistungsprinzip in Bürokratien durch die Abhängigkeit vom Vorgesetzten: von der Schule über den Großbetrieb bis zum Ministerium.

## Small
## is beautiful

Es ist ein verbreitetes Vorurteil, daß große Organisationen besonders leistungsfähig seien. Servan-Schreiber erregte mit seinem Buch »Die amerikanische Herausforderung« großes Aufsehen. Seine Zentralthese war, daß die europäischen Unternehmen zu klein seien, um mit den amerikanischen zu konkurrieren. Wenn heute von »Gebietsreform« oder »Länderneugliederung« die Rede ist, dann meint man immer größere Gemeinden oder größere Bundesländer. Der Nationalökonom Friedrich List war der Meinung, daß ein kleines Land niemals großen Wohlstand erringen könnte.

Einige wenige Blicke in die Wirklichkeit lassen bereits an der Größenthese zweifeln. So das Beispiel der Schweiz – ein Land, in dem alles klein ist und das trotzdem leistungsfähiger ist als andere Länder (Ich komme noch darauf zurück).

Als Servan-Schreiber sein Buch schrieb, sprachen bereits alle Fakten gegen ihn. Die »kleinen« europäischen Unternehmen waren am Weltmarkt erfolgreicher als die großen amerikanischen. Der Wohlstand nahm in Europa schneller zu als in Amerika.

Als die Alliierten noch die deutsche Wirtschaftskraft zerschlagen wollten, befahlen sie die Entflechtung der Großunternehmen. Die drei IG-Farben-Nachfolger Bayer, BASF und Hoechst waren schon nach kurzer Zeit je einzeln größer als die alte IG-Farben. Die Nachfolgegesellschaften des Stahlvereins wurden an der Börse weit höher bewertet als der alte Stahlverein selbst. Dieselbe Erfahrung hatten die Amerikaner schon früher im eigenen Lande bei der Zerschlagung der Standard Oil gemacht. Bei den deutschen Großbanken wurde die Entflechtung wieder rückgängig gemacht. Seitdem haben sie jedes Jahr Marktanteile an die kleinbetrieblichen Genossenschaftsbanken und Sparkassen verloren. Manche Wissenschaftler sind heute der Meinung, die Entflechtung sei für die deutsche Wirtschaftsentwicklung hilfreicher gewesen als der Marshallplan.

Die beiden größten und auch ärmsten Länder der Welt sind China und Indien. Während die Entwicklung Indiens fast katastrophal verläuft, scheint China wirtschaftliche Fortschritte zu machen. Indien hat seine innere Struktur immer stärker zentralisiert. Mao dagegen hat China in sehr viele kleine Wirtschaftseinheiten – die Kommunen – aufgespalten.

Was aber heißt »groß« bei Organisationen? Organisationen werden größer, wenn der bürokratische Apparat wächst, sie werden kleiner, wenn die Marktelemente zunehmen. Ein Unternehmen kann als Rechtsperson wachsen und als Organisation kleiner werden. Wenn ein bisher zentral geleitetes Großunternehmen in wirtschaftlich selbständige Teilbetriebe und Profit-Center aufgeteilt wird, wenn man ein zentralistisches Land in politisch selbständigere regionale Einheiten aufteilt (Bundesländer, Kreise, Gemeinden), dann verkleinert man die Organisation. »Wachstum« heißt bei Organisation soviel wie »Bürokratisierung«.

Die Bürokratieforschung hat sich besonders mit dem Aspekt der Größe der Bürokratie beschäftigt. Parkinson behauptet in seiner Satire, daß mit wachsender Größe einer Bürokratie ein immer größerer Anteil der Arbeitszeit dadurch verbraucht wird, daß sich die Beamten gegenseitig beschäftigen. Die wissenschaftliche seriöse Untersuchung von Downs kommt zu genau demselben Ergebnis. Der Leistungsgrad einer Bürokratie sinkt mit zunehmender Größe. Die Innenreibung in der Bürokratie absorbiert einen wachsenden Teil der Leistung.

»Parkinsons Gesetz« besagt überdies, daß eine Bürokratie unabhängig von ihren Aufgaben wächst. Parkinson demonstriert das am britischen Marineministerium: Die Zahl der Schiffe, die zu verwalten war, wurde immer kleiner; die Zahl der Beamten, die sie verwalteten, immer größer. Downs kommt zu der gleichen Folgerung: Eine alte Bürokratie ist eine größere Bürokratie. Eine der Ursachen liegt darin, daß in der Bürokratie die Leistung schwer zugerechnet werden kann.

So wird die Wichtigkeit einer Aufgabe (und die Bezahlung eines Vorgesetzten) daran gemessen, wieviele Leute unter ihm beschäftigt sind. Der Ehrgeiz der Vorgesetzten wird darauf gerichtet, möglichst viele Untergebene zu haben, nicht aber eine Aufgabe sparsam zu erledigen.

Dieser Aspekt der Größte ist es, der den Unterschied im Urteil zwischen Max Weber und Anthony Downs verständlich macht. Zu der Zeit, da Weber die Bürokratie als effiziente Organisationsform lobte, hatte das preußische Finanzministerium einschließlich Pförtner und Kopisten fünfundzwanzig Beschäftigte. Das Bundesfinanzministerium heute braucht einen ganzen Hochhausblock.

Schlimmer ist, daß auch die Qualität der Leistung sinkt,

daß eine große Bürokratie in Routine erstarrt und reformunfähig wird, daß die wachsende Kompliziertheit zur Entfremdung und Verminderung der Qualität des Lebens am Arbeitsplatz führt und damit den Nährboden für Radikalismus bildet.

Es gibt ein Spiel »Stille Post«, bei dem der erste Spieler einem zweiten einen Text vorliest, so daß die anderen es nicht hören können. Der zweite gibt das, was er behalten hat, leise an einen Dritten weiter usw. Schon nach vier Stufen ist der ursprüngliche Text nicht mehr wiederzuerkennen. Mit steigender Größe einer Bürokratie ergibt sich genau dieser Effekt. Die Zahl der Hierarchiestufen nimmt zu. Wenn auf jeder Stufe nur zehn Prozent Information weggelassen oder durch Zusammenfassung verändert wird, dann kommt nach zwölf Hierarchiestufen etwas ganz anderes an, als unten eingegeben wurde. Das aber ist die Informationsbasis für die Entscheidungen an der Spitze. Es ist nicht verwunderlich, daß die Entscheidungsqualität abnimmt.

Westliche Wissenschaftler haben die Wachstumsraten der kommunistischen Länder untersucht und festgestellt, daß sie weit (bis zum Doppelten) übertrieben sein müssen. Offiziell berichtete Wachstumsraten und beobachteter Lebensstandard paßten nicht zusammen. Die erste Erklärung war, daß die Wachstumsziffern aus Propagandagründen übertrieben seien. Schließlich merkte man aber, daß es eine viel einfachere Erklärung gibt: Die nachgeordneten Stellen (Betriebe etc.) melden zwar gern ihre Erfolge nach oben, verschweigen aber ihre Mißerfolge. So erhält die Organisationsspitze ein viel zu günstiges Bild. – Die russischen oder ostdeutschen Stellen glauben an die Zahlen, die sie bekanntgeben.

Der zweite Grund für abnehmende Entscheidungsqualität ist die immer größere Kompliziertheit einer wachsenden Bürokratie. In einer Wirtschaft ereignen sich täglich viele Millionen von Einzelvorgängen, die in verschiedener Weise ineinandergreifen. Wird die Bürokratie sehr groß, dann verliert die Organisationsspitze den Überblick über das komplizierte Geflecht von Zusammenhängen.

Jede Einzelmaßnahme hat unmittelbare Wirkung, aber auch mittelbare, weniger offensichtliche Folgen. Solche Nebenwirkungen werden nicht mehr kalkuliert. Lübbe äußerte kürzlich die Vermutung, unser Staat werde bald neunzig Prozent seiner Energie darauf verwenden müssen, die unbeabsichtigten Nebenwirkungen seiner Gesetze zu bekämpfen. Das ist kaum übertrieben; das Verhängnis liegt aber darin, daß die Bekämpfungsmaßnahmen ihrerseits Nebenwirkungen haben, daß die Komplexität schließlich soweit anwächst, daß rationale Entscheidungen überhaupt nicht mehr möglich sind. Ein Land wird »unregierbar«, ein politisches System wird reformunfähig.

Von der Reformeuphorie des Jahres 1969 ist 1976 nichts übrig geblieben. Naive Gemüter suchen die Erklärung für das Scheitern der Reformpolitik darin, daß irgendwelche »herrschenden Kreise« im Hintergrund die edlen Absichten von Politikern durchkreuzen. Jeder, der im Reformgeschäft steckte, weiß, daß es anders ist: Niemand durchschaut mehr die Steuergesetzgebung und ihre Wirkungen, die Sozialgesetzgebung oder das Unternehmensrecht; viel weniger die Wechselwirkungen von Steuer-, Sozial-, Unternehmens- und Subventionsrecht. Die Bürokratie muß vor ihrem eigenen Fleiß kapitulieren; aus Ordnung wird Unordnung, aus Absicht Zufall.

Bürokratien sind neuerungsfeindlich. Wenn ein Beamter eine gute Idee hat, dann gibt er sie meist nicht weiter. Jeder Vorgesetzte fühlt sich durch neue Ideen kritisiert.

Je größer die Bürokratie wird, umso spärlicher werden die Ideen, weil jeder nur noch ein ganz kleines Rädchen im Getriebe ist, werden die Zusammenhänge immer weniger durchschaut. Die Organisation erstarrt in Trott und Routine. Bei sehr großen Bürokratien sind auch von der Spitze keine Anstöße mehr zu erwarten, einmal weil sie schlecht informiert ist, zum zweiten, weil sie die Komplexität selbst nicht mehr durchschaut. Entwickelt die Spitze Initiative, dann bleibt sie in der Schwerfälligkeit eines Riesenapparates schnell hängen.

Die wachsende Komplexität erzeugt Entfremdung und zerstört damit auch die Legitimitionsbasis einer Organisation. Der Zusammenhang von Leistung und Gegenleistung geht verloren. Der Arbeiter hat das Gefühl, sein Lohn hinge vom guten Willen der Geschäftsleitung, nicht von Leistung und Markt ab. Es mag übertrieben sein, wenn man Großbetriebe als Brutstätten des Kommunismus bezeichnet. Aber soziale Unruhen beginnen fast immer in Großbetrieben; oft dort, wo die höchsten Löhne gezahlt werden. In Frankreich war Renault stets der Vorreiter von Unruhen, in Italien Fiat, in England die staatliche Kohlegesellschaft, in Deutschland die Stahlindustrie.

Politische Radikalität hat immer zwei Schwerpunkte: die Intellektuellen und die Großbetriebe. Das Problem der Intellektuellen wird uns noch beschäftigen; ihre politische Entfremdung beruht darauf, daß sie das praktische Leben nicht kennen, die Welt aus dem Blickwinkel von Universitätsbibliotheken beurteilen. Das Problem der Großbetriebe aber liegt einfach in der Größe.

Die Lösung des sozialen Problems der Komplexität liegt im Abbau bürokratischer Elemente: Dezentralisierung von Entscheidungen, Initiative an die Basis, Schaffung abgegrenzter Verantwortungsbereiche.

Der Markt ist eine Methode zur Reduktion von Komplexität. Der Unternehmer braucht nicht das ganze komplizierte Geflecht wirtschaftlicher Beziehungen zu durchschauen; er kann sich auf Preise und Nachfrage nach seinem eigenen Produkt beschränken. Am Markt braucht man sich keine Sorge darum zu machen, daß sich Neuerungen durchsetzen. Vernünftige Neuerungen werden mit höheren Gewinnen belohnt.

Es ist äußerst unwahrscheinlich, daß eine Großbürokratie neue Bedürfnisse zur Kenntnis nimmt oder neue Verfahren durchsetzt. Es ist jedoch sehr wahrscheinlich, daß irgendeiner unter hunderttausenden von Unternehmern das tut und die anderen damit zur Nachahmung zwingt.

Der Wettbewerb am Markt ist ein Entdeckungsverfahren, ein Verfahren zur ständigen Durchsetzung von Reformen. Das zentrale Organisationsproblem auf hoher Entwicklungsstufe liegt weniger in der Arbeitsteilung als in der Teilung des Wissens. Der Markt ist eine Organisationsform, die der Gesellschaft mehr Wissen verfügbar macht als das, über das die Organisationsspitze verfügt (Hayek).

Der eigentliche Grund für die Rückständigkeit der Planwirtschaften liegt darin, daß sie wenig technischen Fortschritt haben, daß sie technisches Wissen aus dem Westen importieren müssen.

Ein Vergleich zwischen Markt und Bürokratie im eigenen Lande zeigt dieselben Erscheinungen: Die Herstellung von Tuchen oder Büromaschinen ist marktwirtschaftlich, das Bildungswesen planwirtschaftlich organisiert. Wer die Produktion von Tuchen oder Büromaschinen heute mit dem Zustand vor zwanzig Jahren vergleicht, der findet alles verändert. In der Tuch- und Büromaschinenindustrie war ständig Reform. Niemand redete darüber.

Im Bildungswesen haben Produktivität und Leistung abgenommen. Dafür vergeht kein Tag, ohne daß Rundfunk und Presse über Bildungsreformen berichten. Die Planwirtschaft in der Bildungsindustrie hat dieselben Ergebnisse wie jede andere Planwirtschaft auch: Produktion ohne Rücksicht auf den Bedarf, Reformunfähigkeit, lange Lieferzeiten (numerus clausus), Verschwendung, Politisierung.

Bürokratie ist eine leistungsfähige Organisationsform, solange sie klein ist, besonders dort, wo es nicht auf Ideen und Initiative, sondern auf Gleichmäßigkeit der Verwaltung und Gesetzesanwendung ankommt. Einen Richter kann man nicht nach Jahren Gefängnis, die er verhängt, bezahlen, einen Polizisten nicht nach Anzahl der Strafmandate, einen Steuerbeamten nicht nach der Steuersumme, die er herausholt. Ihre Aufgabe ist die gleichmäßige und vorhersehbare Anwendung des Gesetzes. Die geeignete Organisationsform ist die Bürokratie.

Für die Produktion von Gütern dagegen – ob nun Büromaschinen oder Bildung, ob Tuche oder Gesundheit – eignet sich der Markt besser.

Nicht die Organisationsform der Bürokratie ist zu tadeln, sondern ihre Anwendung auf Bereiche, für die sie sich nicht eignet. Nicht die Bürokratie ist leistungsunfähig, inhuman und neuerungsfeindlich – nur die große Bürokratie ist das. Je differenzierter die Lebensverhältnisse werden, umso wichtiger wird es, Bürokratieelemente durch Marktelemente zu ersetzen.

# Organisationsdenken und Staatsphilosophie

## Rationalismus und Tradition

Die großen Staats- und Gesellschaftsphilosophien – Liberalismus, Konservatismus und Sozialismus – sind Organisationslehren für die Gesellschaft. In der Bundesrepublik Deutschland schien der Konservatismus lange nicht zu existieren. Das Wort »konservativ« war zum Schimpfwort geworden. Zwar ist konservatives Gedankengut nie ausgestorben. Aber es tarnte sich hinter einem modischen Vokabular.

Inzwischen häufen sich die Anzeichen für eine Renaissance des politischen Konservatismus. Die politische Sprache zeigt einen Hang zur Nostalgie. Worte wie »Redlichkeit«, »behutsam«, »hegen«, »Barmherzigkeit«, »Nachbarschaft« und selbst »Leistung« kommen in Gebrauch. Die Modeworte von vor drei, vier Jahren wie »Gesellschaft«, »Sozialisation«, »Konflikt«, »Repression« und »Demokratisierung« sind überraschend schnell glanzlos geworden. Worte, die zu Schimpfworten wurden, werden wieder unbefangener gebraucht: Recht, Ordnung, Pflicht, Verantwortung, Autorität, Elite, Gemeinwohl, Staat. Der intellektuelle Nonkonformist sagt heute wieder »Lehrling« statt »Auszubildender«. Der niedersächsische Ministerpräsident Ernst Albrecht schreibt eine Staatsphilosophie, in der das Wort »Gesellschaft« nicht vorkommt (»Der Staat – Idee und Wirklichkeit«).

Die Schwäche des politischen Konservatismus lag immer darin, daß es ihm an einer geschlossenen politischen Theorie, an einer Heilslehre, einer Utopie fehlte. Sowohl der Sozialismus als auch der Liberalismus haben einen Ordnungsrahmen, eine zentrale politische Idee. Das gibt ihren Anhängern das Gefühl der intellektuellen Überlegenheit, das Heils- und Sendungsbewußtsein, das vor allem unsere Neue Linke auszeichnet. Jeder kennt die großen Theoretiker des Liberalismus, die großen Theoretiker des Sozialismus, beim Konservatismus jedoch fällt auch den Gebildeten allenfalls der Name Edmund Burke ein. Aber Burke war (wie Hayek richtig erkennt) ein großer Seher; er war kein Theoretiker.

Zwei Wortpaare gehören zusammen: »Konservativ« und »Tradition« auf der einen und »Progressiv« und »Rational« auf der anderen Seite. Die Progressiven, von Rousseau bis heute, fordern, daß die Institutionen dieser Welt rational zu begründen seien. Alles, was rational nicht zu begründen ist, muß ausgemerzt werden. Die Welt ist in einem vorher gewünschten Sinne machbar.

Der Konservative ist den Möglichkeiten menschlichen Erkennens gegenüber skeptischer: Unsere Institutionen, unsere Gebräuche, unsere Moral sind gewachsen. Wir wissen oft nicht, welchen Zweck sie haben und welche Funktion sie erfüllen. Die Beweislast wird umgekehrt: Nicht die Existenz, sondern die Abschaffung einer Institution muß rational begründet werden.

Das ist ein Darwinismus auf gesellschaftlichem Gebiet, der sich nicht auf den Menschen bezieht (»survival of the fittest«), sondern auf die Institution. Kant hat dieser Haltung (in der »Kritik der praktischen Vernunft«) die Begründung gegeben: »Die Notwendigkeit zu entscheiden reicht weiter als die Möglichkeit zu erkennen.«

Auch in praktischen Lebensweisheiten findet sich solch konservatives Gedankengut. »Never change a winning team« ist eine geradezu klassisch-kurze Formel dafür. Eine Mannschaft gewinnt, obwohl sie eigentlich nach allen Erkenntnissen nicht gewinnen dürfte – aber solange sie gewinnt, sollten wir sie nicht ändern.

Die vielleicht prägnanteste moderne Formulierung dieser Haltung findet sich bei Konrad Lorenz (»Die acht Todsünden der zivilisierten Menschheit«, Seite 70): ».... der Irrglaube, daß nur das rational Erfaßbare, oder gar nur das wissenschaftlich Nachweisbare zum festen Wissensbesitz der Menschheit gehöre, wirkt sich verderblich aus. Es führt die ›wissenschaftlich aufgeklärte‹ Jugend dazu, den ungeheuren Schatz von Wissen und Weisheit über Bord zu werfen, der in den Traditionen jeder alten Kultur wie in den Lehren der großen Weltreligionen enthalten ist. Wer da meint, all dies sei null und nichtig, gibt sich ebenso folgerichtig auch einem ebenso verderblichen Irrtum hin, indem er der Überzeugung lebt, Wissenschaft könne selbstverständlich eine ganze Kultur mit allem drum und dran auf rationalem Weg und aus dem Nichts erzeugen.«

So liegt der Unterschied zwischen Traditionalismus und Rationalismus nicht darin, daß der eine rational, der andere irrational wäre. Beim Rationalismus handelt es sich vielmehr um einen unkritischen Glauben an die Möglichkeiten der Vernunft.

Der vielleicht bedeutendste lebende Philosoph, Karl R. Popper, unterscheidet zwischen »naivem« und »kritischem« Rationalismus. Rationales Handeln – so Popper – ist nur möglich, wo man sich der Grenzen der Vernunft bewußt bleibt. Daraus folgt, daß jede vernünftige Veränderung in der Gesellschaft nur eine stückweise Gesellschaftsreform sein kann. Der Traditionalist setzt Geschichte und Kontinuität an die Stelle einer Neukonstruktion am Reißbrett. Genau in diesem Sinne spricht ein anderer Philosoph, Ernst Topitsch, von der »Aufklärung als konservativer Aufgabe«.

Die besondere Gefahr eines naiven, und damit auch realitätsfernen Rationalismus, liegt darin, daß der Zusammenstoß von Idee und Realität oft zu Enttäuschungen führt, die dann in Irrationalismus umschlägt: Vom Mythos des Verstandes ist der Weg zu einem Mythos des Blutes nur kurz (Samuel Brittan).

## Liberalismus, Sozialismus, Konservatismus

Alle Richtungen Konservatismus, Liberalismus und Sozialismus haben ihre mehr oder weniger sympathischen Ausprägungen. So ist der Sozialismus in der Form des Stalinismus gewiß nicht sonderlich attraktiv. Der Sozial-Darwinismus der Altliberalen hat unsere Zuneigung durchaus nicht: Der Gedanke, daß im Lebenskampf nur der Stärkere überleben solle, ist barbarisch. Der Konservatismus des wilhelminischen Preußens findet kaum Zuneigung. Der Nationalsozialismus ist auf der politischen Landkarte schwer zu orten. Die Betonung des Nationalen und der Autorität (»Führerprinzip«) sind eher konservativ; man findet das Führerprinzip in den sozialistischen Staaten des Ostblocks allerdings ebenso. Der Kampf gegen »Zinsknechtschaft« und »Plutokratie« ist eher dem Sozialismus entlehnt. Vielleicht war der Nationalismus am ehesten das, als was er sich selbst bezeichnete – ein nationaler Sozialismus.

Liberalismus, Sozialismus und Konservatismus sind in einigen entscheidenden Grundhaltungen deutlich zu unterscheiden: Sein und Sollen, Individuum und Gemeinschaft, Freiheit und Recht, Form und Inhalt, Bildung und Erziehung.

Für Liberale war die politische Moral nie ein sonderliches Problem. Der liberale Staat ist so konstruiert, daß er selbst nicht moralisch zu sein braucht. Er setzt die äußeren Bedingungen, in deren Rahmen die Individuen handeln. Die Moral selbst wird zur Privatangelegenheit. Demgegenüber sind sowohl Sozialismus als auch Konservatismus politisch wertend. Der Unterschied liegt darin, daß der Konservative dazu neigt, das Bestehende für gut zu halten, während der Sozialist das Gute auch für machbar hält.

Marie-Luise Schwarz-Schilling hat das am Beispiel von CDU und SPD herausgearbeitet: »Zu den wichtigsten Selbstverständlichkeiten, die beiden Seiten gemeinsam sind, gehört die Überzeugung, daß rational erkennbare Tatbestände unmittelbar die Grundlage für moralische Entscheidungen abgeben, oder anders gesagt, daß sich Wertentscheidungen durch Tatsachen ›beweisen‹ lassen. Konkret äußert sich das bei der CDU in der Neigung, möglichst viele Dinge zu ›Sachentscheidungen‹ zu erklären, ohne den komplizierten wertenden Urteilsmechanismus zu durchschauen, der vollzogen werden muß, wenn man eine Entscheidung wirklich rational lösen will. Bei der SPD äußert sich die gleiche weltanschauliche Selbstverständlichkeit weit stärker in ihrem Umkehrschluß: Weil eine Sache moralisch für wünschenswert gehalten wird, muß sie sich auch zwangsläufig erkennen und beweisen lassen, jedenfalls von allen, die sich dieser Erkenntnis nicht böswillig verschließen.«

In der Frage von Gemeinschaft und Individuum sind Konservatismus und Sozialismus einander näher als beide dem Liberalismus. Im Liberalismus rangiert das Individuum vor der Gemeinschaft. Die Beziehungen zwischen Individuen sind in erster Linie Konkurrenzbeziehungen; für Solidarität ist im klassischen Liberalismus wenig Raum.

Dagegen betonen sowohl der Sozialismus, als auch der Konservatismus die Gruppe gegenüber dem Individuum. Der Sozialist denkt in Großgruppen. In der praktischen Politik reicht das vom Zentralstaat über die Aushöhlung der Gemeindeselbstverwaltung bis zum Bildungskombinat (»Gesamtschule«, »Gesamthochschule«). Die Gruppen, die für ihn die Gesellschaft konstituieren, sind Selbständige und Unselbständige, Arbeitnehmer und Arbeitgeber, sind die »Klassen« von Karl Marx. Die Konservativen denken in kleineren Gruppen – Familie, Nachbarschaft, Gemeinde, Betrieb.

Die relevante Gruppe im sozialistischen Denken, die Gruppe, die Solidarität verlangt, dient dem Kampf bzw. der Durchsetzung von Interessen: Arbeitnehmerschaft, Arbeitgeberschaft, »Gruppenparität« in den Hochschulen etc. Dagegen zählen für den Konservativen zunächst Gruppen, deren Aufgabe in der gemeinsamen Lösung eines Problemes liegt – eben Familie oder Gemeinde oder Betrieb. Sowohl Kooperation als auch Konflikt sind gesellschaftliche Erscheinungen. Der Konservative betont die Kooperation und den Frieden, der Sozialist den Konflikt. Der Sozialist denkt in Kampfgruppen, der Konservative in Problemlösungsgruppen. Die Koalition, zu der sich Konservative und Sozialisten in der Frage der Sozialversicherung gefunden haben, ist dem Liberalen immer fremd geblieben. Die Sozialversicherung ist bis heute in der liberalen Wirtschaftstheorie ein Fremdkörper, während sich gerade der Zwangscharakter der Sozialversicherung sowohl in sozialistisches wie auch in konservatives Denken mühelos einfügt.

So wie dem Liberalen die Solidarität, so ist gleicherweise dem Sozialisten wie dem Konservativen die Konkurrenz eine unbehagliche Vorstellung. Der Sozialist sieht im Konkurrenzgedanken das Gift, das die Beziehungen der Menschen zueinander zerstört. Der Konservative neigt leicht dazu, die Konkurrenz zumindest als unfein zu betrachten. »Kollegialität«, »Standesethos« und »gerechter Preis« sind konservative Vorstellungen, die dem Wettbewerb entgegengesetzt sind.

Demokratie, Recht und Freiheit sind als Werte allgemein anerkannt. Die Betonung liegt beim Sozialisten auf der Demokratie, beim Liberalen auf der Freiheit und beim Konservativen auf dem Recht. Allein die Tatsache, daß die Konservativen das Recht betonen, hat das Recht aus der Mode gebracht. »Recht und Ordnung« – Selbstverständlichkeit jeglichen Staates – sind zum Schimpfwort geworden.

Der Konservatismus hat sich in der Kunsttheorie stärker durchgesetzt als in der Politik. Für die Beurteilung eines Kunstwerkes zählt das Sujet nichts, die Beherrschung der Form alles. In der Kunsttheorie der sozialistischen Staaten steht der Inhalt, also das Dargestellte, im Vordergrund. Das macht sie künstlerisch bedeutungslos. Manche Künstler leiden unter dem Widerspruch zwischen progressiver Kunst und konservativer Kunstbetrachtung. Helmut Heissenbüttel bezeichnet die Sprache selbst als konservative Einrichtung. Gottfried Benn dagegen formuliert einen radikalen Konservatismus über die Kunst hinaus: »Wo nicht die Form ist, ist das Nichts.«

Der Aufstand unserer neuen Linken ist in weiten Bereichen ein Aufstand gegen die Form und gegen Formen. Ob es sich nun um Bekleidungssitten handelt oder um gesellschaftliche Umgangsformen, um Rechtsschreibungsregeln oder um die Regeln des politischen Kampfes. Unsere neue Linke betrachtet die Einhaltung von Formen als eine Art Verschleierungsmanöver. Der Professor, der den Prüfling, den er durchfallen läßt, ebenso höflich behandelt wie den Primus, setzt sich dem Verdacht aus, er sei unaufrichtig. Die Wahrung gesellschaftlicher Umgangsformen unter politischen Gegnern läßt die Gegnerschaft selbst als zweifelhaft erscheinen. Die Kleinschreibung wird zum Anliegen des Klassenkampfes. Die Forderung auf Einhaltung von Spielregeln trägt unserem Staat die Beschimpfung ein, er sei eine »nur formale Demokratie«. Liberale und Konservative sind einander hier wiederum näher als beide den Sozialisten.

Für den Sozialisten zählt Begabung und Vererbung nichts: Jedes Kind ist gleich »begabbar«. Empirische Forscher, die zu anderen Ergebnissen kommen – wie Eysenck oder Jenks – werden zu Klassenfeinden. Für den Liberalen ist das Ideal der Erziehung die Ausbildung der besonderen individuellen Fähigkeiten. Dabei stellt er Unterschiede in der natürlichen Begabung in Rechnung. Im Zentrum des konservativen Erziehungsdenkens steht nicht das Wissen, sondern die Haltung. Der »Gentleman« ist ein konservatives Erziehungsideal. Für den Sozialisten gilt Haltung wenig. Für ihn ist der Wissenschaftler das Ideal der Erziehung. Im sozialistischen Erziehungsdenken schlägt sich noch heute der Idealismus der frühen Aufklärung nieder – die Vorstellung, daß die Verbreitung von Wissen allein schon moralisch macht. Das mag eine sympathische Haltung sein; sie ist wahrscheinlich aber unrealistisch.

Die unterschiedliche Betonung von Gruppe und Individuum drückt sich auch in der Erziehung aus. Die »Erziehung zu solidarischem Handeln« – eine der Begründungen der integrierten Gesamtschule – muß dem Liberalen ein Greuel sein. Solidarität zu was? Solidarität mit wem? Nicht auf Solidarität – auf Inhalt und Zweck der Solidarität kommt es an. Solidarisch ist auch eine Räuberbande. Verantwortliches Handeln ist das Erziehungsideal der Liberalen wie der Konservativen. Die traditionelle deutsche Schule und Universität sind konservative Einrichtungen gewesen. Das prägt sich schon in den Bezeichnungen wie »Bildung« (also »Formung«) und »Erziehung« aus. Das prägt sich auch in der Auffassung aus, daß es nicht so sehr darauf ankommt, an welchem Stoff man sich schult. Nicht die Beherrschung des Stoffes, sondern die Schulung des Geistes ist zu erreichen. Im humanistischen Gymnasium ist dieses Denken am deutlichsten verkörpert. Die Lehrgegenstände – Griechisch und Latein – werden gerade dadurch geadelt, daß sie keinem praktischen Zweck dienen.

Die Staats- und Wirtschaftsphilosophien sind Organisationslehren. Ihr Verhältnis zueinander ist aber nicht so einfach, wie man es meist sieht: rechts der Konservatismus, links der Sozialismus und in der Mitte der Liberalismus. Das Verhältnis ist eher ein Dreieck. Konservatismus und Liberalismus eint die Betonung der spontanen, naturwüchsigen Organisation – Markt, Sitte, Moral – gegenüber der geplanten des Sozialismus. Konservatismus und Sozialismus eint die Betonung von Gruppe und Gemeinschaft – gegenüber der Betonung des Individuums im Liberalismus. Sozialismus und Liberalismus eint die Staatsfeindlichkeit in der Theorie und trennt sie in der Praxis.

Werner Maihofers These vom »Bündnis zwischen Arbeitern und Bürgern auf den Barrikaden von 1848«, die der sozialliberalen Koalition die Würde der historischen Logik geben sollte, ist ein Irrtum: Die Handwerker auf den Barrikaden von 1848 kämpften nicht für die Demokratie sondern für die Abschaffung der Gewerbefreiheit. Es war ein Bündnis von Sozialisten und Konservativen gegen den Liberalismus.

# Die Lehren der Geschichte

Die Proletarier haben nichts zu verlieren als ihre Ketten. Sie haben eine Welt zu gewinnen.

Karl Marx und Friedrich Engels,
Das Kommunistische Manifest

Wer kann heutzutage die Ketten der Proletarier in der Sowjetunion für leichter halten als die Ketten der Proletarier in den Vereinigten Staaten, Großbritannien, Frankreich, Deutschland oder irgendeinem anderen westlichen Staat?

Milton Friedman,
Kapitalismus und Freiheit

# Bürgerliche Revolution und klassische Wirtschaftstheorie

Gegen Ende des 18. Jahrhunderts erhob sich das Bürgertum als dritter Stand. Der Handel mit Ostindien und Nordamerika, die beginnende Industrialisierung, Erfindungen und Technik hatten Wohlstand hervorgebracht, der nicht mehr auf Grundbesitz beruhte. Das Bürgertum stellte die alte Ordnung infrage: Monarchie als Regierungsform und Merkantilismus als Wirtschaftsverfassung.

In der Französischen Revolution von 1789 wurde die Monarchie beseitigt, der Adel getötet oder vertrieben und eine – kurzlebige – demokratische Verfassung (1791) errichtet. In England, das damals politisch freiheitlicher war, richtete sich der Aufstand gegen die Wirtschaftsordnung.

Im Merkantilismus lenkte der Staat die Handelsströme. Fürsten und Könige finanzierten den Staatshaushalt durch die Vergabe von Privilegien, Konzessionen und Monopolen. Wer eine Gastwirtschaft betreiben, öffentlich Kaffee oder Kakao ausschenken, Banknoten emittieren, eine Aktiengesellschaft (bzw. deren Vorläufer) gründen wollte, der brauchte eine staatliche Konzession, und dafür mußte bezahlt werden. Der Staat seinerseits schützte die Konzessionäre vor Wettbewerb, verschaffte ihnen Monopole und damit hohes Einkommen. Für den Staat hatte das zweierlei Vorteile: einmal konnten Günstlinge für treue Dienste belohnt werden, zum zweiten konnten die Monopolabgaben umso höher angesetzt werden, je wertvoller das Monopol war.

Die englische Wirtschaftsrevolution war unblutig. Sie begann 1776 mit dem Erscheinen von Adam Smith's »Wohlstand der Nationen«. Das war die Entdeckung des Marktes. Die Wirtschaftslehre der damaligen Zeit beschäftigte sich mit der Frage, wie der Staat möglichst viel Geld aus dem Land ziehen könne. Vor diesem Hintergrund muß man Adam Smith sehen. Er behauptete, daß durch freie wirtschaftliche Betätigung der Wohlstand schneller steigt und daß der Staat durch allgemeine Steuern höhere Einnahmen als durch Konzessionen erreichen könne.

Die Franzosen erkämpften die Freiheit unter hohen Blutopfern; die Engländer verkauften die Freiheit als gute Idee.

Die französischen Denker – voran Rousseau – wollten den Staat, also die zentrale Herrschaftsgewalt, vergesellschaften. Die englischen »Klassiker« – voran Smith – wollten Freiheit des Bürgers an die Stelle von Herrschaft setzen. Nicht die Vergesellschaftung der Herrschaft, sondern deren Minimierung war ihr Ziel. In der Methode waren die Franzosen Idealisten; die Engländer waren Konstrukteure. Die idealistische Staatsphilosophie eines Rousseau setzte sich im Wirtschaftsdenken bei Proudhon, Fourier, Saint-Simon, Louis Blanc, Georges Sorel fort. Das konstruktivistische Wirtschaftsdenken von Smith findet sich auch in der Staatslehre bei Bentham, Locke, Burke, in Frankreich bei Montesquieu und Tocqueville. Dieser Gegensatz zwischen Idealisten und Konstrukteuren, die Auseinandersetzung zwischen Rousseau und Montesquieu, wird bis heute geführt.

Das Anliegen der Klassiker war nicht in erster Linie die wirtschaftliche Effizienz. Die Wirtschaftstheorie kommt von der Philosophie. Smith und Bentham waren Moralphilosophen; Malthus war Pfarrer. Ihnen ging es um die Frage, wie in einer arbeitsteiligen Gesellschaft Freiheit und Selbstentfaltung des Einzelnen möglich seien. Die Antwort: Die Gesellschaft braucht nicht organisiert zu werden; sie organisiert sich spontan. Freiheit ist Voraussetzung für Wohlstand. Der Egoismus des Einzelnen wird in den Dienst des allgemeinen Wohls gestellt. Der Unternehmer handelt aus eigennützigen Gründen – er will verdienen. Der Wettbewerb sorgt aber dafür, daß er selbst nur einen Teil des gesellschaftlichen Wertes bekommt, den er erzeugt. Dieser kleine Teil aber ist nötig, damit überhaupt Anreiz zu Neuerungen besteht. Mandeville hat den Grundgedanken des Marktes in der »Bienenfabel« popularisiert: Neuerer und Unternehmer sind wie

Bienen. Sie wollen nur ihren eigenen Honig, aber sie befruchten dabei – ob sie es wollen oder nicht – die Blüten.

Adam Smith stand in der philosophischen Tradition von Leibniz. Die Theorie des Marktes ist die Anwendung Leibniz'schen Gedankengutes auf die Wirtschaft.

Die Demokratietheorie beruht auf denselben Grundgedanken. Die Voraussetzung des mündigen Menschen findet ihren Ausdruck in der Wirtschaftstheorie in der »Konsumentensouveränität«: Der Einzelne kann selbst entscheiden, was seine Bedürfnisse sind; er braucht keinen Vormund. In der Demokratietheorie hat derselbe Grundgedanke zum Prinzip »Ein Mann – eine Stimme« geführt.

Die Linken von heute nehmen die Position der Konservativen von damals ein. Die Forderung nach »inhaltlicher Demokratie«, d. h. nach Herrschaft einer erleuchteten Elite, die Feststellung der »wahren« Bedürfnisse durch den Staat (wie z. B. Meißner und Zinn propagieren) leugnen gerade die Mündigkeit und Gleichheit der Menschen.

Diktatur und Planwirtschaft können gut funktionieren, wenn die Männer an ihrer Spitze weise, gerecht und edel sind. Marktwirtschaft und Demokratie funktionieren auch mit den Menschen, die wir vorfinden, mit selbstsüchtigen, unvollkommenen Menschen. Beide Systeme sind auf Edelmut nicht angewiesen. Sozialistische Systeme nehmen eine moralische Überlegenheit in Anspruch, weil sie nicht auf Egoismus gegründet sind. Das ist unscharf: In sozialistischen Systemen sind die Mechanismen abgeschafft, die den Egoismus der Allgemeinheit dienstbar machen. Weil sie aber den Egoismus selbst nicht abschaffen konnten, scheitern sie in der Praxis.

Viele meinen, der Markt sei eine private Angelegenheit, die in privatem Interesse betrieben wird, während der Staat eine öffentliche Einrichtung sei, die im öffentlichen Interesse handle. Für die liberale Wirtschaftstheorie ist der Markt eine öffentliche Einrichtung. Der Maßstab, der an den Markt anzulegen ist, ist das öffentliche Interesse. Wenn der Staat eine Aufgabe in eigene Regie übernimmt, so heißt das noch längst nicht, daß damit dem Allgemeinwohl gedient wäre. Es ist gerade zu prüfen, ob dem öffentlichen Interesse eher in der Organisationsform des Staates (d. h. der Bürokratie) oder in der Form des Marktes gedient ist.

Seit der Zeit der Klassiker hat sich die Theorie des Marktes wie auch des Staates entwickelt. Die Wirtschaftstheorie hat die Frage der Effizienz in den Vordergrund gerückt. Die moralphilosophischen Ansätze der Klassiker waren lange verschüttet. Die Organisationstheorie hat Anregungen aus der Technik erhalten. Bürokratie und Planwirtschaft sind von außen gesteuerte Systeme. Der Markt ist ein kybernetisches, also ein selbstgeregeltes System.

Der Unterschied ist etwa derselbe wie zwischen einem Ofen und einer thermostatisch geregelten Heizung. Wenn es im Zimmer zu kalt wird, dann muß man beim Ofen Kohlen nachlegen, mehr Zug geben. Wird es zu warm, dann muß man den Zug kleiner stellen. Der Mensch muß die Heizung von außen steuern. Der Thermostat fühlt die Raumtemperatur ab. Ist sie niedrig, so stellt er die Flamme größer, ist sie zu hoch, so vermindert er die Heizung. Die Flamme ist mit der Raumtemperatur »rückgekoppelt«. Am Markt sind Preise, Löhne, Renditen die Marktsignale, auf die Unternehmer, Arbeitnehmer, Kapitalanleger reagieren. So wird Kapital und Arbeit automatisch in die günstigsten Verwendungen gelenkt. Der Markt reagiert täglich auf neue Entwicklungen.

Die Fortschreibung eines Zentralplans ist umständlich. Zwar hat die Computertechnik die Möglichkeiten einer Zentralplanwirtschaft verbessert. Aber das eigentliche Problem liegt nicht in der Datenverarbeitung, sondern in der Datenbeschaffung. In der Marktwirtschaft werden die Informationen dort verarbeitet, wo sie anfallen. Jeder einzelne Unternehmer reagiert auf die Preis- und Nachfrageschwankungen nach seinen Produkten. In der Zentralplanwirtschaft müssen diese Informationen über viele Stufen nach oben gemeldet werden. Da in den meisten Fällen kein Interesse daran besteht, die Informationen richtig weiterzugeben (damit würde man zugeben, daß man sich in der Vorausschätzung geirrt hat), kommen sie entweder verstümmelt oder gar nicht an.

Aus einem Computer läßt sich nichts Besseres herausholen

als die Daten, die man hineinsteckt. Wenn in einer Planwirtschaft keine Hemden oder keine Leberwurst vorhanden sind, dann müssen die Leute Blutwurst oder Hosen kaufen. In der Zentrale entsteht der Eindruck, alles sei in Ordnung, denn die Leute haben die Blutwurst und die Hosen gekauft. Niemand sagt der Zentrale, daß sie lieber Leberwurst und Hemden gehabt hätten.

Wie in der Technik, so gibt es auch in der Organisation Fälle, in denen die selbsttätige Regelung unbefriedigend arbeitet. Reagiert der Regler zu schnell oder zu langsam, dann erzeugt er Instabilität oder er stabilisiert die falschen Größen. Solche Fälle gibt es in der Wirtschaft viele.

Die selbsttätige Regelung meinten die Klassiker, wenn sie von der »unsichtbaren Hand« und der »prästabilisierten Harmonie« sprachen. Für die Theorie von heute ist der Markt nicht mehr eine spontane, sondern eine bewußt geplante Organisation. Der Staat ist der Organisator. Er konstruiert die Regelkreise. Diese Theorie fragt nicht mehr danach, *ob* das freie Spiel der Kräfte zu einem optimalen Ergebnis führt. Sie fragt, wie das System konstruiert sein muß, *damit* das freie Spiel der Kräfte ein optimales Ergebnis hat.

Jeder Marktteilnehmer muß sich darauf verlassen können, daß, wenn er seinen eigenen Interessen folgt, er auch gleichzeitig dem allgemeinen Wohl dient. Wenn ein Teilnehmer am Wirtschaftsleben sich besser stellt, wenn er gegen die Interessen des Ganzen verstößt, dann ist das System falsch konstruiert. Auch Wettbewerb ist nicht selbstverständlich. Er muß, wo er nicht zustandekommt, vom Staat organisiert werden. Wo er aus der Natur der Sache unmöglich ist (z. B. bei Leitungsnetzen), da müssen entweder private Monopole staatlich überwacht oder die Produktion selbst in die Hand des Staates gelegt werden.

Damit sind die grundlegenden Entwicklungen der Theorie seit den Klassikern skizziert: Eucken und der Neoliberalismus lehren die Organisation des Wettbewerbs als Staatsaufgabe, Pigou und die Wohlfahrtsökonomie die Konstruktion von optimalen Regelkreisen, Keynes und die »Neue Wirtschaftslehre« die staatliche Steuerung, wo automatische Regelung nicht möglich ist. Auch die moralphilosophischen Ansätze der Klassiker wurden wieder entdeckt. Philosophen wie John Rawls (»Theorie der Gerechtigkeit«) und Robert Nozick (»Anarchie, Staat, Utopie«) knüpfen unmittelbar an die klassische Tradition an.

## Inflation und Krise

Im 18. und 19. Jahrhundert kannte man keine Inflationen. Es gab Zeiten mäßig steigender Preise, denen Perioden mäßig fallender Preise folgten. Es gab auch Zeiten größerer und kleinerer wirtschaftlicher Aktivität, also Konjunkturen. Die Krisen des 18. und 19. Jahrhunderts waren aber kaum von Arbeitslosigkeit begleitet. Der wichtigste Ausdruck von Wirtschaftskrisen waren Pleiten und Versteigerungen von Landgütern. Man sprach deshalb von »Kreditkrisen«. Zahlungsbilanzschwierigkeiten waren bis zum Ersten Weltkrieg unbekannt. Es gab nicht einmal das Wort »Zahlungsbilanz«.

Die ersten Anzeichen von Massenarbeitslosigkeit gab es gegen Ende des 19. Jahrhunderts. Nach dem Ersten Weltkrieg wurde in mehreren Staaten das Geld durch Inflation zerstört. In der Weltwirtschaftskrise waren über 20 Prozent der Erwerbsbevölkerung arbeitslos. In den dreißiger Jahren kamen Zahlungsbilanzkrisen und Devisenzwangswirtschaft hinzu. Seit dem Ersten Weltkrieg hatte jede Periode ihr eigenes Übel. Entweder herrschte Inflation, dann aber Vollbeschäftigung (wie in der großen Inflation 1918–1923), oder es gab Massenarbeitslosigkeit (wie 1929–1936), dann aber auch sinkende Preise.

Nie zuvor aber beobachtete man – wie in der Krise 1974/76 – alle Übel gleichzeitig: Inflation, Arbeitslosigkeit, Zahlungsbilanzsorgen.

Seit 150 Jahren wird am Geldwesen experimentiert, und dabei sind die Defekte immer schwerer geworden. Die Geschichte des modernen Geldwesens beginnt mit der Peel'schen Bankakte von 1844. Bis dahin durfte jede private Bank Banknoten ausgeben. Die Noten mußten in Gold eingelöst werden. Die Preise blieben stabil, weil Gold knapp war. Durch die Peel'schen Akte wurde die Notenausgabe monopolisiert und auf die Bank von England übertragen.

Alle Erfahrung sprach damals schon gegen eine staatliche Notenausgabe. Die russische Staatsbank und die reichsständische Bank von Schweden hatten mehrmals Pleite gemacht, der amerikanische »Continental« hatte sich bis auf zwei Prozent seines Nennwerts entwertet. In vielen andern Ländern hatte es Pleiten von Staatsbanken gegeben. Selbst die Bank von England hatte wenige Jahre zuvor ihre Noten nicht mehr in Gold einlösen können. Trotzdem folgten fast alle Länder dem Beispiel Englands.

Bei der ersten großen Belastung der Staatshaushalte – dem Ersten Weltkrieg – griffen die Regierungen zur Notenpresse, um den Staat zu finanzieren. Das Gold wurde zur Bezahlung von Importen gebraucht, und als die Notenbanken kein Gold mehr hatten, wurde die Einlösungspflicht aufgehoben. Die Bürger waren dem Papiergeld gegenüber mißtrauisch und wollten die Noten nicht nehmen. Logischerweise mußte der nächste Schritt folgen: Die Noten wurden mit Annahmezwang versehen. Das »gesetzliche Zahlungsmittel« war entstanden.

Die Regierungen wollten auf Staatsfinanzierung aus der Notenpresse nicht mehr verzichten. So entwertete sich das Geld erst langsam, dann immer schneller. Im Jahre 1923 wurde die entwertete Reichsmark im Verhältnis Eins zu einer Billion auf Rentenmark umgestellt; in Ungarn war das Umstellungsverhältnis gar Eins zu einer Quadrillion. Bis zu Beginn des Zweiten Weltkriegs hatten sich fast alle anderen europäischen Währungen bis auf Bruchteile entwertet.

Allein die USA und die Schweiz hatten noch ein gesundes Geldwesen. Die USA gingen erst 1913 zur staatlich manipulierten Währung über. Die Katastrophe folgte auf dem Fuß. Zuerst kam es zur Panik von 1920/21. Ende der zwanziger Jahre brach dann eine Krise aus, die die ganze Welt ergriff. Friedman hat gezeigt, daß eine verfehlte, weit überzogene Geldpolitik aus einer kleineren Rezession zur größten Krise aller Zeiten führte: Millionen von Arbeitslosen auf der einen – stillstehende Maschinen auf der anderen Seite. Es war das Erlebnis des Absurden in Inflation und Krise, das den Nährboden für Faschismus und Nationalsozialismus abgab.

Auf den Trümmern wuchs aber auch eine neue Wirtschaftstheorie. Der Schöpfer war wieder ein Engländer: John Maynard Keynes. Nach seiner »Allgemeinen Theorie« sorgt der Markt nicht für Vollbeschäftigung. So kann es vorkommen, daß die Produzenten mehr produzieren, als die Konsumenten kaufen wollen. Zwar ist die Gütermenge, die erzeugt wird, immer gleich groß wie die Gütermenge, die gekauft werden kann. Wenn aber die Käufer ihr Einkommen nicht ausgeben, sondern sparen wollen, dann müssen andere mehr ausgeben, als sie einnehmen. Normalerweise nehmen die Unternehmer die Ersparnisse als Kredit auf, um zu investieren. Wenn die Unternehmer weniger investieren, als die Konsumenten sparen, dann ist die Nachfrage zu gering. Die Unternehmer bleiben auf ihren Produkten sitzen. Sie müssen Arbeitnehmer entlassen. Es kommt zur Rezession.

Keynes und seine Nachfolger haben gegen Unterbeschäftigung eine Reihe von Rezepten entwickelt:

Zunächst kann der Staat mit eigenen Ausgaben in die Lücke springen, die Unternehmer und Konsumenten nicht ausfüllen.

Ein zweites Rezept ist die Abwertung der eigenen Währung. Dadurch werden die inländischen Güter im Ausland billiger und die ausländischen Güter im Inland teurer. Die heimische Industrie wird konkurrenzfähig und kann ihren Absatz ausdehnen: Die Krise wird exportiert.

Ein drittes Rezept ist die Inflation. Wenn die Preise steigen, dann werden Unternehmer und Konsumenten ihr Geldvermögen vermindern; sie kaufen Güter. Die Nachfrage steigt; es kommt zur Vollbeschäftigung.

In allen Fällen muß der Staat die »Globalsteuerung« übernehmen.

Allzu lange hielt die neue Theorie nicht vor. Die praktischen Erfahrungen waren ungünstig. Die USA und Großbritannien, die sich der neuen Lehre bedienten, hatten ständig mit Inflation, Konjunkturschwankungen oder Zahlungsbilanzsorgen zu kämpfen. Die Wachstumsraten blieben klein. Die Bundesrepublik Deutschland und Japan erzielten mit ihrer »altmodischen« Wirtschaftspolitik hohe Wachstumsraten, Vollbeschäftigung und Zahlungsbilanzüberschüsse.

Mit dem Regierungswechsel 1969 zog die »Neue Wirtschaftslehre« auch bei uns ein – zu einem Zeitpunkt, als ihre theoretischen Grundlagen brüchig geworden waren. In der Bundesrepublik Deutschland wurde eine »wissenschaftliche« Wirtschaftssteuerung progagiert, die sich im Ausland als unbrauchbar erwiesen hatte. Die Folge war die Krise von 1974/76.

Heute stehen wir auf den Trümmern dieser Wirtschaftspolitik.

Ganz langsam beginnt sich die Einsicht durchzusetzen, daß der eigentliche historische Fehler die manipulierte Währung war. Einige – wie Jaques Rueff –, sehen das Heil in der Rückkehr zur Goldwährung. Andere Wissenschaftler (z. B. Kaldor, Hart, Tinbergen) vertreten die Idee einer Rohstoffwährung. Die Schule der Monetaristen will das Wachstum der Geldmenge festlegen und damit willkürliche Eingriffe unmöglich machen. Manche wollen die Globalsteuerung weiter perfektionieren und die Notenbank unmittelbar den Weisungen der Regierung unterstellen. Diese Meinung (die auf der gemäßigten Linken vertreten wird) wird von der Erfahrung nicht gestützt. Dort wo die Notenbank unmittelbar von der Regierung gelenkt wird, häufen sich die Schwierigkeiten (in Frankreich, Italien, Großbritannien). Wenn die Preise in der Bundesrepublik Deutschland langsamer steigen, so dank der Unabhängigkeit der Bundesbank.

## Gerechtigkeit und Leistung: Wohlfahrtsökonomie und Wohlfahrtsstaat

Für die Klassiker – besonders A. Smith und J. St. Mill – war Leistungsgerechtigkeit noch längst keine Gerechtigkeit. Viele ihrer Nachfolger haben das Problem dann radikal vereinfacht: Der Markt sorgt für Leistungsgerechtigkeit, und das ist gleichzeitig Gerechtigkeit an sich. Diese Position ist von mehreren Seiten erschüttert worden. Der Neoliberalismus (Eucken und seine Nachfolger) hat gezeigt, daß Leistungsgerechtigkeit Wettbewerb voraussetzt und daß Wettbewerb nicht automatisch zustandekommt. Die Wohlfahrtsökonomie hat eine Fülle von Fällen entdeckt, in denen der Markt Einkommen zuteilt, denen keine entsprechende Leistung gegenübersteht. Die Einkommenverteilung am Markt ist zumindest nicht automatisch leistungsgerecht. Vielmehr bedarf es staatlicher Tätigkeit, damit Leistungsgerechtigkeit überhaupt zustandekommt.

Der Neoliberalismus hat in der Bundesrepublik Deutschland zum Kartellgesetz geführt. Produzenten dürfen ihre Einkommen nicht dadurch vermehren, daß sie Monopole und Kartelle schaffen, also den Verbraucher ausbeuten. Die Wohlfahrtsökonomie hat besonders die »externen« Effekte entdeckt, also Fälle, in denen gesamtwirtschaftliche Schäden zu einzelwirtschaftlichen Einkommen werden. Dem Staat erwächst daraus die Aufgabe, die Eigentumsrechte so zu ordnen, daß sich Einzelinteresse und Allgemeininteresse decken. Das ist der Sinn der Sozialpflichtigkeitsklausel unseres Grundgesetzes. Der Artikel vierzehn enthält die Aufforderung zu richtiger Zuordnung von Eigentumsrechten an den Gesetzgeber, keine Aufforderung zu sozialem Handeln an den Eigentümer.

Anders ausgedrückt: Externe Effekte wie Luft- und Wasserverschmutzung, Fluglärm etc. entstehen nicht deshalb, weil es Eigentum gibt, sondern weil das Eigentum unvollständig ist oder die Eigentumsrechte falsch geordnet sind. Eigentum ist in dezentralisierten Wirtschaften das Organisationsmittel, das Kompetenz und Verantwortung zur Dekkung bringt, das also dafür sorgen soll, daß jeder für seine eigenen Fehler auch selbst einstehen muß. Sind die Eigentumsrechte wohlgeordnet, dann vermehrt ein Eigentümer sein Vermögen nur dann, wenn er es im Interesse des Ganzen richtig einsetzt. Überall wo das nicht der Fall ist, versagt nicht das »System«, sondern die Organisationsspitze (d. h. der Staat), die Eigentumsrechte zuteilt und ordnet.

Selbst ein idealer Markt würde nur Leistungsgerechtigkeit

herstellen. In vielen Fällen beruht diese »Leistung« nicht auf Tüchtigkeit oder Klugheit, sondern auf Glück. Ein Bauer, dessen Felder am Stadtrand liegen, ein Aktionär, dessen Aktien steigen, weil die Gesellschaft Bodenschätze gefunden hat, haben oft einfach Glück gehabt.

Dagegen haben die gescholtenen Spekulanten wichtige volkswirtschaftliche Funktionen. Die rapide Wirtschaftsentwicklung Amerikas im 19. Jahrhundert wäre ohne eine Vielzahl tüchtiger Spekulanten kaum denkbar gewesen. Der erste Spekulant in der Literatur, Joseph von Ägypten, hat sein Volk vor dem Verhungern bewahrt. In der Geschichte von den sieben mageren und den sieben fetten Jahren berichtet die Bibel leider nicht, wieviel Joseph oder der Pharao an der Spekulation verdient haben.

Ebenso gibt es andere, die Pech haben. Ein Arbeitnehmer, der schwer krank wurde, verfiel früher in bittere Armut. Ein Rentner, der durch den Konkurs einer Bank seine Ersparnisse verlor, hatte nichts mehr zum Leben. Kurz: Leistungsgerechtigkeit ist noch längst keine Gerechtigkeit.

Aus der Diskrepanz von Gerechtigkeit und Leistungsgerechtigkeit entstand der moderne Wohlfahrtsstaat. Sein Problem liegt darin, daß er die soziale Ungleichheit, daß er Glück und Pech ausgleichen will, ohne die Leistungsmotivation zu zerstören. Ludwig Erhard hat das Dilemma auf eine klassische Kurzformel gebracht: »Es ist nicht unsere Aufgabe, die Armut gleich zu verteilen – es ist unsere Aufgabe, sie zu beseitigen.«

Solange es Risiken gibt, gibt es aber auch Glück und Pech, also nicht nur Ungleichheit, sondern auch unverdiente und unverschuldete Ungleichheit. Young hat (in: »The Rise of Meritocracy«) eine Gesellschaft skizziert, in der Glück und Pech ausgeschaltet werden, in der nur nach Leistung und Verdienst Einkommen und Positionen vergeben werden. Nach Youngs Meinung ist das eine unmenschliche Gesellschaft. Wer in der Meritokratie unten ist, der hat nicht den Trost, daß er Pech hatte oder benachteiligt war: Er weiß, daß er minderwertig ist. Seine Minderwertigkeit ist wissenschaftlich festgestellt. Alva Myrdal entwickelt (in: »Ungleichheit im Wohlfahrtsstaat«) Verfahren zur Beseitigung der Ungleichheit. Nach ihrer Meinung muß der Staat nicht nur soziale, sondern auch angeborene Ungleichheiten kompensieren: Wer von Natur aus dumm ist, der muß eine staatliche Dummheitsrente bekommen. Auch in Alva Myrdals Staat muß die Minderwertigkeit amtlich ermittelt und bescheinigt werden.

Eine Gesellschaft völliger Gleichheit wäre nicht nur arm, weil die Leistungsmotivation fehlt, sondern auch unmenschlich. Ein Argument gegen den Wohlfahrtsstaat läßt sich allerdings daraus nicht gewinnen (nur ein Argument gegen völlige Gleichheit). In weiten Bereichen unserer Gesellschaft sind die Einkommensunterschiede viel größer, als es zur Leistungsmotivation nötig wäre. Ein Staatssekretär würde nicht Briefträger werden, wenn er nur dasselbe verdiente, ein Professor nicht Buchhalter, ein Chirurg nicht Bauarbeiter. Die oft gewaltigen Einkommensdifferenzen sind großenteils funktionell unnötig.

Im Falle der Unternehmer ist es noch schlimmer: Ein Arbeitnehmer, der sich selbständig machen will, wird in eine unerträgliche, weil unüberschaubare Risikosituation entlassen. So finden sich immer weniger junge Leute bereit, Unternehmer zu werden. Seit dem 19. Jahrhundert nimmt die Zahl der Selbständigen Jahr für Jahr um Dreißigtausend ab. Die Gesellschaft verschleudert ihr Potential an Wagemut und Kreativität, gerade weil sie die Risiken zu hoch hält.

So bietet sich für die praktische Politik ein sehr weiter Spielraum für den Ausgleich von Einkommen und Risiken, ohne daß die Leistungsfähigkeit der Gesellschaft sinkt. Mehr noch: Es gibt viele Fälle, in denen Einkommen- und Risikoausgleich den Gesamtwohlstand erhöhen.

Man darf den entscheidenden Durchbruch vom Frühkapitalismus zum Wohlfahrtsstaat in der Sozialgesetzgebung Bismarcks sehen. Nach dem Zweiten Weltkrieg galten Schweden und Großbritannien als Vorbilder des Wohlfahrtsstaats. Nach den regelmäßigen Untersuchungen des Internationalen Arbeitsamtes lag jedoch die Bundesrepublik Deutschland bereits in den fünfziger Jahren mit den Ausgaben für soziale Sicherheit an der Spitze der Welt vor

Schweden, Frankreich und Großbritannien.

Erhards Soziale Marktwirtschaft, das »Deutsche Modell«, erweist sich rückblickend als eine besonders gelungene Kombination von Markt und Leistungsprinzip einerseits, Solidarität und Sozialstaatsprinzip andererseits. Es wurde eine besonders hohe wirtschaftliche Leistungsfähigkeit mit großer sozialer Sicherheit und – international gesehen –, geringen Einkommensunterschieden geschaffen. In den »Sozialstaaten« Großbritannien und Frankreich sind die sozialen Unterschiede bis heute stärker ausgeprägt als in der Bundesrepublik Deutschland.

Der Erfolg beruhte auch auf einer betont eigentumsfreundlichen Politik. Kapitalanleger gaben sich wegen des geringeren Risikos mit einer geringeren Rendite als in anderen Ländern zufrieden. In manchen Entwicklungsländern werden die Kapitalanleger verunsichert. So sind sie nur bereit zu investieren, wenn die Rendite sehr hoch ist. Was gemeinhin als eine »unternehmerfreundliche« oder »eigentumsfreundliche« Politik erscheint, hat sehr dazu beigetragen, daß die Unternehmensgewinne in der Bundesrepublik Deutschland verhältnismäßig klein bleiben konnten, während der Anteil der Arbeitseinkünfte am Volkseinkommen ständig wuchs.

Die Entwicklung vom Frühkapitalismus zum Wohlfahrtsstaat ergibt sich aus dem Zwang des Systems. In der Demokratie versuchen die Politiker möglichst viele Stimmen zu sammeln. Weil die Zahl der Reichen kleiner ist als die Zahl der Ärmeren, so zwingt das Streben nach Stimmenmaximierung zur Umverteilung. Der demokratische Staat korrigiert den Markt aus seinen inneren Systemzwängen heraus. In der Kombination von Demokratie und Markt werden hohe wirtschaftliche Leistungsfähigkeit, geringe soziale Unterschiede und Selbstbestimmung des Einzelnen, also Freiheit, gleichzeitig möglich.

# Sozialismus

## Karl Marx
## und die Eigentumsfrage

Im Europa des 19. Jahrhunderts war die Besitzverteilung eine Schlüsselgröße, die die Gesellschaft besser als jede andere einzelne Zahl, kennzeichnete. Besitz bedeutete Freiheit, bedeutete Sicherheit, bedeutete Wohlstand. So ließ sich die »Lebensqualität« eines Bürgers weitgehend in einer Zahl zusammenfassen – in der Höhe des Besitzes.

Für die frühkapitalistischen Gesellschaften galt ein Zusammenhang, dem Lassalle später den plastischen Namen »Ehernes Lohngesetz« gegeben hat. Dieser Zusammenhang nimmt bei Marx die spezielle Form der Verelendungstheorie an. Der Lebensstandard der Arbeiter kann sich nicht vom Existenzminimum lösen, weil der Preis der Ware »Arbeit« durch ihre Reproduktionskosten bestimmt wird. Jede Erhöhung der Produktivität muß dazu führen, daß die Arbeiter mehr Kinder großziehen können. Die Steigerung des Wohlstandes wird immer wieder von einer entsprechenden Steigerung der Bevölkerungszahl aufgezehrt.

Für Marx mag dieser Ablauf schicksalhaften Charakter gehabt haben. Die Großfamilie der damaligen Zeit war mehr als die Kleinfamilie unserer Zeit – sie war ein Versicherungsverein auf Gegenseitigkeit. Die Arbeit der Kinder sicherte das Alter der Eltern. Je größer der »Kinderreichtum«, um so eher konnten die Eltern damit rechnen, daß sie im Alter gesichert seien. So kam es dazu, daß zehn Kinder eher die Regel als die Ausnahme waren.

Die besitzenden Schichten waren nicht darauf angewiesen, im Alter von ihren Kindern unterhalten zu werden. Sie lebten aus Vermögen. Damit entfiel der Zwang zu großer Kinderzahl. Es stiegen die Möglichkeiten, das Vermögen zu vermehren. So kam es, daß nur diejenigen Vermögen bilden konnten, die bereits Vermögen hatten. Die Masse blieb vermögenslos, die Löhne beim Existenzminimum, weil das Arbeitsangebot so groß wurde. Die Ersparnisse der armen Leute bestand in Kindern, die Ersparnisse der Wohlhabenden bestand im Vermögen.

Die Lebenssituation der großen Masse der Arbeitenden war eher schlechter als zu den Zeiten des Feudalismus. Damals lag die Funktion der sozialen Sicherung beim Grundherrn. Der Grundherr hatte nicht nur die Herrschaft, sondern auch die Verantwortung für seine Hintersassen und Leibeigenen. So unterlag die arbeitende Bevölkerung nicht dem Zwang zur Produktion von Kindern.

Der starke Bevölkerungsdruck des Frühkapitalismus entstand daraus, daß die alten feudalistischen Strukturen zerschlagen wurden und die Sicherungsfunktion des Grundherrn auf die Familie überging. In Deutschland wurde das im Anschluß an die Stein-Hardenbergschen Reformen deutlich: Die aus Herrschaft und Verantwortung des Grundherrn entlassenen Landarbeiter heirateten und mußten, auf sich selbst gestellt, viele Kinder aufziehen. Die Lebensmöglichkeiten des deutschen Ostens reichten nicht aus, um die Bevölkerung zu ernähren. Es kam in der zweiten Hälfte des 19. Jahrhunderts zur Landflucht ins Ruhrgebiet.

Die Entwicklung in England und später in Deutschland war mit dem Übergang vom Feudalismus zum Kapitalismus nicht notwendig verbunden. In Irland wurde der Feudalismus nicht vom Kapitalismus abgelöst: er ging unter. Die Bevölkerung stieg schnell; es entwickelte sich aber keine Industrie, die dieser Bevölkerung Arbeit und Einkommen verschaffte. Die Folge war, daß Millionen Menschen verhungerten.

In Japan hat der Übergang andere Formen angenommen. An die Stelle des Grundherrn ist die Fabrik getreten. Die Fabrik ist dort bis heute ebenso eine Lebensgemeinschaft, wie es das Landgut war. Die Fabrik übernimmt die Sicherungsfunktion des Grundherrn. Infolgedessen hat Japan auf seinem Wege zur Industrienation niemals die Erscheinungen hervorgebracht, wie sie England oder Deutschland kennzeichneten.

Amerika schließlich brauchte den Feudalismus nicht zu überwinden. Im Gegensatz zu Europa waren die Amerikaner bewegliche Leute, Leute, die nicht damit rechnen konnten, irgendwo für immer seßhaft zu werden. So war das Streben in Amerika von Anfang an nicht so sehr auf Kinderreichtum (mit Ausnahme der Farmer) als auf Ansammlung von Vermögen gerichtet. Es kam zu außerordentlich starker Kapitalakkumulation in den Vereinigten Staaten im 19. Jahrhundert und damit zu großem Wohlstand.

Die Marxsche Konzentrationsthese folgt aus der Verelendungsthese. Wenn nur diejenigen Vermögen bilden können, die Vermögen haben, dann muß sich das Vermögen bei ihnen konzentrieren. Hinzu kommt das »Gesetz der Massenproduktion«. Weil die Massenproduktion Kostenvorteile hat, können die großen Kapitalisten die kleinen aus dem Rennen werfen. Immer mehr Kleinkapitalisten werden zu Arbeitnehmern. Das Kapital ballt sich in wenigen Händen zusammen.

Nur wer Kapital hatte, konnte Fabriken gründen und Arbeiter anstellen. Verfügungsmacht über Produktionsmittel bedeutet Verfügungsmacht über Menschen. Das Direktionsrecht im Unternehmen beruht zwar auf Arbeitsvertrag, nicht auf Eigentum. Aber der Partner des Arbeitsvertrags war immer der Eigentümer der Produktionsmittel. Zur Macht wurde das Direktionsrecht nur deshalb, weil es am Arbeitsmarkt wenig Konkurrenz der Arbeitgeber gab. Für den Arbeiter war es immer noch besser, zu miserablen Bedingungen in der Fabrik zu arbeiten, als selbständig zu werden. Die Drohung mit der Entlassung verlieh deshalb dem Fabrikherrn die Macht, die Verhältnisse im Unternehmen nach seinem Belieben zu gestalten, ohne auf die Wünsche der Belegschaft Rücksicht zu nehmen, ja, sie verlieh dem Fabrikherrn Macht bis weit in den persönlichen Bereich des Arbeiters hinein.

Fragt man sich rückwirkend, wie das zentrale soziale Problem des 19. Jahrhunderts – die Besitzverteilung –, gelöst worden ist, so ist die Antwort, daß sie gar nicht gelöst wurde. Die Frage ist unwichtig geworden.

Durch die soziale Sicherung – insbesondere die Alterssicherung – wurde der scheinbar schicksalhafte Mechanismus des »Ehernen Lohngesetzes« durchbrochen. Die Alterssicherung wurde von der Gemeinschaft übernommen, die Familien damit vom Zwang zu Kinderreichtum befreit. Kinder wurden vom »Reichtum« zur finanziellen Belastung. Die Arbeit wurde im Verhältnis zum Kapital knapp. Die Löhne lösten sich vom Existenzminimum. Es kam zu beträchtlichem Wohlstand. Die »industrielle Reservearmee« verschwand. Mit der Knappheit der Arbeit verlor der Unternehmer seine Macht über die Arbeiter.

Es ist fraglich, ob die Schöpfer der Sozialversicherung die Größe des Schrittes verstanden, den sie getan haben. Die Sozialversicherung, insbesondere die Rentenversicherung, markiert den Übergang vom Frühkapitalismus zur Sozialen Marktwirtschaft. Sie hat Marx' Verelendungstheorie außer Kraft gesetzt. Die Erhöhung der Produktion führt seitdem zur Lohnerhöhung, nicht mehr zur Vergrößerung des Arbeitspotentials. Der Wohlstand der Arbeiter steigt auch ohne Besitz. So kann der Arbeiter Vermögen bilden – und er bildet Vermögen. Die Akkumulationsthese wird falsch. Die Erfahrung hat Marx widerlegt.

## Die Gewerkschaftsbewegung und der demokratische Sozialismus

Marx hatte zu seiner Zeit zwar einigen Einfluß auf die Arbeiterbewegung; er blieb aber eine Randfigur, teils geachtet, teils gefürchtet, aber nirgends wohlgelitten. Die Politik der Arbeiterbewegung wurde von praktischen Köpfen konzipiert wie den Webbs (insbesondere Beatrice Webb) in England oder Ferdinand Lassalle in Deutschland. Die Praktiker schufen die »Drei Säulen der Arbeiterbewegung« – die Gewerkschaft, die Labour-Party (in Deutschland die Sozialdemokratische Partei) und das Genossenschaftswesen.

Zwischen Marx und den Praktikern der Arbeiterbewegung kam es zu mehreren scharfen Auseinandersetzungen. Marx warf der Arbeiterbewegung vor, sie gebe sich einer Selbsttäuschung hin. Die Verteilung der Einkommen im Kapitalismus werde von ehernen Gesetzmäßigkeiten regiert; daran sei durch Streiks um höhere Löhne oder durch Übernahme der Produktion in eigene Hand (Produktivgenossenschaft) nichts zu ändern.

Politisch setzte Marx nicht – wie die Labour-Party und die Sozialdemokratische Partei – auf Demokratie, sondern auf die Diktatur des Proletariats. Dieser Auseinandersetzung folgte auf dem Kontinent die Spaltung der Arbeiterbewegung in einen kommunistischen und einen sozialdemokratischen Flügel.

Die Gewerkschaften mußten lange und unter Opfern um ihre Anerkennung kämpfen. Der Grundgedanke der Gewerkschaft ist das Prinzip der Gegenmacht. In der Fabrik stehen viele Arbeiter einem einzigen Unternehmer gegenüber. Gibt es viele Arbeitssuchende – Marx' industrielle Reservearmee –, dann kann der Unternehmer beliebig einen Arbeiter gegen den anderen ausspielen. Er gewinnt ebenso viel Macht über den Arbeiter, wie der Grundherr sie über seine Leibeigenen hatte. Die Arbeiter können dem nur ihren Zusammenschluß entgegensetzen. Gemeinsam sind sie stark.

Zu der Zeit, als die Löhne gerade das Existenzminimum deckten, galt ein unglückseliger Zusammenhang: Der Arbeiter war gezwungen, um so mehr zu arbeiten, je niedriger der Lohn war (sogenannte inverse Arbeitsangebotskurve). Das historische Verdienst der Gewerkschaften war es, diese Konkurrenz – mehr Arbeit für weniger Lohn – zu verhindern. Heute ist das Problem des inversen Arbeitsangebots nicht mehr aktuell: Will der Unternehmer den Arbeiter über die normale Zeit hinaus beschäftigen, so muß er mehr zahlen (Überstundenzuschlag). Zum zweiten aber schufen die Gewerkschaften mit dem Tarifvertrag Rechtssicherheit für den einzelnen Arbeitnehmer und setzten damit Recht, wo zuvor Macht, also Willkür geherrscht hatte.

Mit dem Verschwinden der industriellen Reservearmee, mit der Verknappung der Arbeit im Verhältnis zum Kapital, änderten sich die Voraussetzungen für die Wirksamkeit der Gewerkschaften. Heute steigen die Reallöhne mit der Rate des Produktivitätszuwachses, unabhängig vom Ergebnis der Tarifverhandlungen. Nach der Lohnformel des

Sachverständigenrates kann man in der Form von Lohnerhöhungen den Produktivitätszuwachs plus den »terms of trade«-Effekt (Preisänderung von Außenhandelsgütern) verteilen. Sind die ausgehandelten Lohnerhöhungen niedriger, dann zwingt die Konkurrenz die Unternehmer, mehr zu zahlen (so 1969). Sind die Lohnerhöhungen höher, dann gibt es zwei Möglichkeiten: Entweder die Bundesbank ist bereit, die Lohnerhöhungen zu finanzieren, dann kommt es zur Inflation, und die überhöhten Lohnzulagen werden von Preissteigerungen wieder aufgefressen. Oder die Bundesbank hält das Geld knapp – dann entsteht Arbeitslosigkeit (wie 1974/76).

So ist die jährliche Lohnrunde zu einer Zeremonie geworden. Arbeitgeber wie Gewerkschaften kennen die wirtschaftlichen Zusammenhänge. Das Pathos wird zum Theaterdonner, den Gewerkschaftsführer und Arbeitgebervertreter für ihre Mitglieder veranstalten. Die Härte unserer Arbeitskämpfe wird nicht mehr dadurch bestimmt, daß man dem Arbeitgeber etwas abringen will. Die Härte der Kämpfe liegt darin, daß jede Bezirksleitung der Gewerkschaft zu einem besseren Abschluß kommen will als andere Bezirksleitungen, und daß jeder regionale Arbeitgeberverband seinen Stolz daran setzt, zu niedrigeren Sätzen abzuschließen als der benachbarte.

Das ist international überall gleich. Nur das Verhalten der Gewerkschaften ist verschieden. Die deutschen Gewerkschaften waren in der Nachkriegszeit im Vergleich zu den englischen, italienischen oder französischen maßvoll. Unter dem Strich hatte der DGB mit dieser Politik größeren Erfolg – die realen Lohnsteigerungen waren weit höher. Nach Kriegsende verdiente ein englischer Arbeiter fast die Hälfte mehr als ein deutscher. Heute hat der deutsche fast das Doppelte seines englischen Kollegen. In manchen Ländern hat der Verteilungskampf zerstörerische Formen angenommen. Die britische Wirtschaft wurde von den Gewerkschaften ruiniert, und die Italiener sind auf demselben Wege. Das »vernünftige« Verhalten der deutschen, das unvernünftige der englischen Gewerkschaften ist wiederum nicht Schuld oder Verdienst einzelner Personen. Gewerkschaften unterliegen

Systemzwängen: Verschiedenartigkeit der Organisation erzeugt verschiedenes Verhalten.

In Italien und Frankreich herrscht ein System weltanschaulich konkurrierender Gewerkschaften; in England sind es Berufsgewerkschaften, in Deutschland ist es die Einheitsgewerkschaft. Wenn Gewerkschaften konkurrieren, müssen sie versuchen, sich gegenseitig zu übertrumpfen, um die Mitglieder zu halten und neue zu gewinnen. Die Gewerkschaftsführer sind gezwungen, einander gegenseitig in den Forderungen zu überbieten. Ein System konkurrierender Gewerkschaften erzeugt Radikalität. Die Arbeitgeber haben das bitter zu spüren bekommen, als sie »unternehmerfreundliche«, sogenannte gelbe Gewerkschaften förderten: Die gebärdeten sich noch radikaler. Das wird um so schlimmer, je mehr Gewerkschaften in einem Betrieb vertreten sind – ein Dutzend Gewerkschaften im Betrieb (wie in England) werden radikaler als zwei oder drei (wie in Frankreich).

Die Führer einer Einheitsgewerkschaft sind viel eher frei, das zu tun, was nach ihrer eigenen Auffassung den Interessen ihrer Mitglieder am besten dient. Auch sie unterliegen allerdings dem Zwang, ihre Mitglieder bei der Stange zu halten.

Die heutige Wirtschaft würde eine andere Organisation erfordern – die Einheitsgewerkschaft mit Pflichtmitgliedschaft. Gewerkschaften setzen im Tarifvertrag Recht für alle Arbeitnehmer. Die Kosten dafür tragen aber nur die Mitglieder, alle anderen sind »Trittbrettfahrer«. Gewerkschaften produzieren ein öffentliches Gut, und das sollte durch Zwangsumlage finanziert werden wie andere öffentliche Güter auch. Erst bei Pflichtmitgliedschaft könnte eine Gewerkschaftsführung auf Demagogie und Theaterdonner verzichten, könnte so den Interessen der Arbeitnehmer sachlich wirksamer dienen. Der übliche Einwand gegen die Pflichtmitgliedschaft – »negative Koalitionsfreiheit« – ist abwegig. Auch Unternehmer müssen zwangsweise Beiträge zur Handelskammer leisten.

Unter vielen heiligen Kühen in unserer aufgeklärten Gesellschaft ist die Tarifautonomie die heiligste. Kein Politiker wagt es, sie auch nur zu erörtern. Tut er es doch – wie Kurt Biedenkopf –, dann wählt er wenigstens ein anderes Wort (»Sozialpflichtigkeit der Verbände«). Tarifautonomie ist nichts anderes als eine Form der allgemeinen Vertragsautonomie. Jeder kann in eigenen Angelegenheiten frei Verträge abschließen. Die allgemeine Vertragsautonomie ist stets eingeschränkt. Verträge zu Lasten Dritter (also Verträge, die einen Außenstehenden schädigen) sind verboten. Der Kollektivvertrag unterliegt einer zusätzlichen Einschränkung: Kartelle sind verboten. Beim Tarifvertrag handelt es sich um ein Kartell am Arbeitsmarkt, das entgegen der allgemeinen Regel erlaubt ist.

Während die Gewerkschaften auf der einen Seite auf jede Diskussion der Freiheit von Lohnvereinbarungen mit äußerster Aggressivität reagieren, haben sie es auf der anderen Seite widerspruchslos hingenommen, daß die Tarifautonomie vom Gesetzgeber (im Arbeits- und Sozialrecht) immer weiter ausgehöhlt wurde. Das ist eine verkehrte Welt. Die Freiheit der Nominallohnvereinbarung ist für die Arbeitnehmer in ihrer Gesamtheit überhaupt nichts wert – es ist allenfalls möglich, daß eine Gruppe auf Kosten einer anderen einen Vorsprung erzielt. An den Reallöhnen ändern die Nominallohnabschlüsse nichts. Falsche Nominallöhne werden aber in der Form von Inflation oder Arbeitslosigkeit auf die Allgemeinheit abgewälzt. Es handelt sich also um Verträge zu Lasten Dritter, die im allgemeinen Vertragsrecht verboten sind. Besonders absurd wird das dadurch, daß die belasteten »Dritten« die Arbeitnehmer selbst sind.

Demgegenüber ist die Freiheit der Vertragsgestaltung für die Arbeitnehmer von außerordentlichem Wert. Für die Arbeitnehmer mag es vernünftiger sein, auf Lohnfortzahlung bei Krankheit zugunsten höherer Löhne zu verzichten oder mögliche Lohnsteigerungen teilweise gegen eine bessere Gestaltung der Arbeitsbedingungen einzutauschen, die Schichtarbeit abzubauen und dafür die Verlängerung des Urlaubs zu verschieben, etc. Die Vielfalt der möglichen Vertragsgestaltungen ist so groß, und die Interessenlagen ändern sich so schnell, daß eine notwendigerweise schematische und langwierige allgemeine Gesetzgebung immer zu Wohlstandseinbußen für die Arbeitnehmer führt.

Im Interesse der Arbeitnehmer hätten die Gewerkschaften die Tarifautonomie als Freiheit der Vertragsgestaltung verteidigen müssen. Gerade die aber haben sie aufgegeben. Die wertlose Nominallohnfreiheit dagegen verteidigen sie mit Klauen und Zähnen. Auch das ist nicht Unvernunft, sondern Systemzwang: Nominallohnerhöhungen sind spektakulär, und eine Gewerkschaft, die um ihre Mitglieder kämpfen muß, braucht das Spektakel.

Gänzlich absurd sind aber marxistische Gewerkschaften: Wenn sie ihren Überzeugungen treu wären, dann könnten sie nur ihre eigene Abschaffung betreiben. Die Miet-Intellektuellen der Arbeiterschaft sind deren Gefahr: Sie zerstören die Gewerkschaft von innen. Arbeitsführer haben gelegentlich zwar eine rauhe Sprache, aber sie haben Boden unter den Füßen.

## Die Folgen der Oktoberrevolution und die Suche nach einem Dritten Weg

Auf die Frage, ob eine kommunistische Revolution in Rußland möglich sei, hatte Marx die Antwort gegeben, Rußland sei dafür noch nicht reif, es müsse erst noch eine Phase des Kapitalismus durchlaufen. England und Deutschland sollten die Vorreiter des Kommunismus sein. Mit der Oktoberrevolution von 1917 siegten Marx' Ideen dennoch ausgerechnet in Rußland.

In der Folge ergab sich dasselbe Bild immer wieder: Noch nie ist ein hochentwickeltes Land freiwillig zum Kommunismus übergegangen. Die Kommunisten siegten in Entwicklungsländern (wie in China und Kuba) oder der Kommunismus wurde mit Waffengewalt von außen errichtet (Ungarn, Rumänien, Polen, CSSR, DDR etc.).

Die Oktoberrevolution war die blutigste der Geschichte. Man verbindet den Terror heute mit dem Namen Stalin, um das Bild des Erzvaters Lenin sauberzuhalten. Aber gerade Lenin hat in zahllosen Stellen in seinen Schriften und Briefen Terror und Gewalt gepredigt und hat sie in der Praxis, mehr noch als Stalin, geübt.

Mit der Oktoberrevolution wurden zunächst alle Institutionen und Prinzipien des Kapitalismus abgeschafft: Geld, Eigentum, Zins, Markt, Gewinn, Wettbewerb. An die Stelle des Leistungsprinzips sollte das Bedürfnisprinzip treten. Die Abschaffung des Staates wurde in der Verfassung von 1918 zum Gesetz erhoben.

Die Wirtschaftsgeschichte der UdSSR seitdem ist die Geschichte der Wiederentdeckung kapitalistischer Errungenschaften und des Wucherns des Staates. Zuerst blieb kurz nach der Revolution das Bedürftigkeitsprinzip auf der Strecke; es wurde durch das »sozialistische« Leistungsprinzip ersetzt. Im Januar 1921 kam es zur Wiedereinführung des Geldes und begrenzten Zulassung von Märkten. Als 1928 die Planwirtschaft unter Stalin vollendet wurde, war auch der Zins schon wieder da. Schon vor dem Zweiten Weltkrieg wurde der Wettbewerb – nun als »sozialistischer« Wettbewerb – wiederentdeckt, und nach dem Zweiten Weltkrieg fand man im »Neuen Ökonomischen System der Planung und Lenkung« (NÖS oder NÖSPL) eine geheimnisvolle Zahl zur Lenkung der Wirtschaft: den Gewinn.

Das einzige, was bis heute noch fehlt, ist das Privateigentum an den Produktionsmitteln. Jugoslawien hat in seiner Wirtschaftsordnung einen guten Schritt auf dem Weg zum Eigentum getan. Die Arbeiter entscheiden in den Betrieben über Art und Menge der Produktion, über Investitionen. Sie können in fast jeder Weise über den Betrieb verfügen, und sie erhalten den Gewinn. In einem Punkt unterscheidet sich die Teilhabe des jugoslawischen Arbeiters allerdings vom Eigentum: Er erwirbt keinen »Geschäftsanteil«, wenn er in den Betrieb eintritt, und er erhält auch keine Abfindung, wenn er den Betrieb wieder verläßt.

Dieser kleine Unterschied hat verheerende Konsequenzen. Verdient ein jugoslawischer Betrieb besonders gut, so wollen dessen Arbeitnehmer den Verdienst nicht mit anderen teilen. Sie wehren sich deshalb gegen die Neuaufnahme von Arbeitskräften. Betriebe, die besonders lukrativ sind, werden in westlichen Ländern stark erweitert. In Jugoslawien dagegen sperren sie sich gegen eine Erweiterung. Verdient umgekehrt ein Betrieb schlecht, so drückt sich das darin aus, daß die Löhne niedrig sind. Die Arbeitnehmer wechseln den Arbeitsplatz. Sie entziehen dem Betrieb damit die Haftungsbasis, die im jugoslawischen Modell nicht durch das Kapital des Eigentümers gestellt wird, sondern in der Arbeitskraft der Belegschaft besteht.

Hat ein Unternehmen Gewinn erwirtschaftet, so wird der westliche Teilhaber den Gewinn stehen lassen, wenn der Betrieb rentable Investitionsmöglichkeiten hat. Diese einbehaltenen Gewinne gehen ihm nicht verloren. Sie erhöhen den Wert seines Anteils. Der jugoslawische Arbeiter aber erhält keine Abfindung und damit auch keinen Gegenwert für einbehaltene Gewinne – er ist deshalb daran interessiert, den Gewinn in Form höherer Löhne auszuschütten. Dieselben Mechanismen haben bereits die Produktivgenossenschaften zerstört.

So führt das unvollständige Eigentum in Jugoslawien zu eigentümlichen Wirkungen. Erstens kommt es zu struktureller Arbeitslosigkeit, weil sich gerade die Wachstumsindustrien gegen die Neuaufnahme von Arbeitskräften sperren. Die Arbeitslosenquote wird heute – je nachdem ob man die im Ausland beschäftigten Jugoslawen hinzurechnet – zwischen fünfzehn und zweiundzwanzig Prozent geschätzt. Zweitens kommt es zu erheblichen Lohndifferenzen zwischen den Betrieben. Ein Dreher, der in einem unrentablen Betrieb beschäftigt ist, muß sich mit dem gesetzlichen Mindestlohn begnügen; ein gleich qualifizierter Dreher in einem rentablen Unternehmen bringt es vielleicht auf das Fünffache. Drittens kommen durch freiwillige Entscheidungen nur wenige Investitionen zustande, so daß der Staat gezwungen ist, die Investitionen zu lenken. Viertens ist ein beträchtlicher und wachsender Teil der Unternehmen zahlungsunfähig und muß vom Staat zu Lasten der Gemeinschaft unterhalten werden.

Ota Sik hat das jugoslawische Modell für die CSSR weiterentwickelt; er führte wieder Geschäftsanteile und Abfindungsguthaben ein. Damit war auch das Eigentum schon wiederentdeckt.

So erweist sich das »Jugoslawische Modell« nicht als ein Dritter Weg, sondern als ein weiterer Schritt auf dem Wege zurück von einer sozialistischen zu einer kapitalistischen Ordnung – ein Weg, den alle anderen sozialistischen Staaten auch eingeschlagen haben und auf dem Ungarn inzwischen weitergegangen ist als Jugoslawien. Siks Reformmodell ist die Wiederentdeckung des Kapitalismus.

Die sozialistischen Staaten haben in der Praxis Stück um Stück mit dem Marxismus gebrochen. Wer einen »Dritten Weg« zwischen Kapitalismus und Sozialismus sucht, der sucht vergeblich. Der Dritte Weg liegt in einer Weiterentwicklung der Sozialen Marktwirtschaft: im Ersatz von Bürokratie durch Markt.

## Sozialismus und Marktwirtschaft: Schlußkalkulation

### Wer im Wohlstand lebt, lebt angenehm

Im Jahre 1974 lebten in der Welt 4 Millarden Menschen. Insgesamt entfallen davon 730 Millionen, also 18 Prozent, auf die westlichen Industrieländer. Der Ostblock (einschließlich China) hat 1270 Millionen oder 29 Prozent der Weltbevölkerung. Fast die Hälfte (knapp 2 Milliarden) lebt in Entwicklungsländern. Das Welteinkommen lag 1974 bei rund 5,6 Billionen Dollar, also bei rund 1390 Dollar pro Kopf. Auf die westliche Welt entfallen 3,5 Billionen Dollar. Die Länder des Ostblocks hatten 1,24 Billionen, die Entwicklungsländer 860 Milliarden Dollar. Das waren pro Kopf der Bevölkerung 4800 Dollar in den westlichen Industriestaaten, 920 Dollar im Ostblock und 420 Dollar in den Entwicklungsländern. Der Lebensstandard liegt nach diesem Maßstab im Westen fünfmal so hoch wie im Osten und zwölfmal so hoch wie in der Dritten Welt. Verglichen mit uns leben vier Fünftel aller Menschen überwiegend in bitterer Armut.

Die Bundesrepublik Deutschland rangiert heute in der Welt an fünfter Stelle in der Wohlstandsskala, nach der Schweiz, Schweden, USA und Kanada. Das wohlhabendste Land des Ostblocks ist die DDR, gefolgt von der CSSR und der Sowjetunion. Unter den zwanzig wohlhabendsten Ländern gibt es kein Ostblockland.

Das Überraschende ist, daß zwar in den letzten zehn Jahren die Dritte Welt, nicht aber der Ostblock aufgeholt hat. Chruschtschow hatte 1959 angekündigt, die Sowjetunion werde die USA im Jahre 1970 überholen. Im Jahre 1950 betrug der Abstand im Sozialprodukt USA-UdSSR 400 Milliarden Dollar, 1960 waren es 470 Milliarden Dollar, 1970 schon 620 Milliarden Dollar und 1973 endlich 740 Milliarden Dollar. Dabei ist es für ein hochentwickeltes Land viel schwerer, Wirtschaftswachstum zu erzielen, als für ein weniger entwickeltes. Ein technisch rückständiges Land kann die fortschrittliche Technologie des Auslands übernehmen, wie die Sowjetunion das tut. Ein führendes Land muß seine Erfindungen selbst machen.

Weiter wird das Wachstum von der Kapitalbildung (marxistisch: der Akkumulationsrate) beeinflußt. Sie ergibt sich in den Marktwirtschaften aus der freiwilligen Ersparnis aller einzelnen; in Planwirtschaften wird sie vom Staat gelenkt. Sie liegt im Ostblock höher als im Westen (mit Ausnahme von Japan).

Schließlich gewinnen mit wachsendem Entwicklungsstand die Dienstleistungen ein immer größeres Gewicht gegenüber Industrie und Urproduktion. Dienstleistungen sind aber schwerer zu rationalisieren als Fabriken.

Ein Vergleich des Wirtschaftswachstums begünstigt also die Ostblockstaaten, weil ihr Entwicklungsstand niedriger, ihre Kapitalbildung höher und der Dienstleistungsanteil kleiner ist als im Westen. Trotzdem sind im längerfristigen Vergleich die Marktwirtschaften schneller gewachsen.

Die Wachstumskrisen der DDR, der Tschechoslowakei und der Sowjetunion traten bei einem Entwicklungsstand ein, bei dem die Bundesrepublik Deutschland, die USA und Japan noch sehr schnelles Wachstum hatten. Dagegen hatten die wenig entwickelten Staaten des Ostblocks – Rumänien, Bulgarien, Jugoslawien – auch in den sechziger Jahren noch eine starke Zunahme des Wohlstandes zu verzeichnen. Anscheinend eignet sich das System der Zentralplanung verhältnismäßig gut für wenig entwickelte Länder. Die Schwierigkeiten werden um so größer, je komplizierter und differenzierter die Wirtschaft wird.

Trotzdem: Die marktwirtschaftlich orientierten Entwicklungsländer (Brasilien, Elfenbeinküste, Panama, Philippinen, Singapur, Taiwan, Türkei, Sambia) haben um 50 Prozent höhere Wachstumsraten als die Staatswirtschaften (Burma, Indien, Kambodscha, Sri Lanka, Sudan, Tunesien, Tansania, VAR).

Beim Vergleich zwischen der Bundesrepublik Deutschland

und der DDR wird die höhere Leistungsfähigkeit des Marktes besonders eindrucksvoll deutlich.

Nachdem die westlichen Besatzungszonen zur Trizone zusammengeschlossen wurden und die Alliierten 1948 die Währungsreform durchführten, trennten sich die wirtschaftlichen Wege des östlichen und des westlichen Teils in Deutschland. Der östliche Teil – die heutige DDR – übernahm das System der Planwirtschaft; der westliche Teil – seit 1949 die Bundesrepublik Deutschland – wählte die Marktwirtschaft.

Die Ausgangssituation war in beiden Bereichen ähnlich. In der Bundesrepublik Deutschland lebten drei Viertel, in der DDR ein Viertel der deutschen Bevölkerung; die Produktion im letzten Kriegsjahr verhielt sich dagegen wie 7 : 3, war also pro Kopf im Gebiet der DDR höher. In beiden deutschen Teilstaaten wurden Patente und Auslandsvermögen enteignet, in beiden wurden Fabrikanlagen demontiert. Zählen wir alles zusammen, so müssen außerdem der Marshallplan, die Wiedergutmachung, die Vermögensverluste deutscher Bürger bei der Vertreibung verrechnet werden. Vom gesamten Volksvermögen der DDR waren höchstens 10 Milliarden RM überhaupt demontierbar; die Demontagen wären mit 5 Milliarden eher zu hoch angesetzt (Nach Angaben des DIW sollen 45 Prozent der Produktionskapazität der DDR im Kriege zerstört oder demontiert worden sein; das entspricht ungefähr den Kriegszerstörungen in der Bundesrepublik Deutschland). Der Marshallplan und andere Nachkriegshilfe betrug 5,6 Milliarden Dollar, davon 3,75 Milliarden als Geschenkanteil; 1,85 Milliarden wurden bis 1966 zurückgezahlt. Das sind rund 1,5 Milliarden DM Hilfe. Dem stehen Wiedergutmachungsleistungen an das Ausland (bis 74) von rund 40 Milliarden DM gegenüber. Die Vermögensverluste, die heutige deutsche Bundesbürger im Osten erlitten, sind der größte Posten: Sie werden zwischen 400 Milliarden und 2 Billionen RM geschätzt.

Vernünftiger, als Hilfen und Verluste gegeneinander aufzurechnen, ist es, die tatsächliche Ausstattung beider Länder nach Kriegsende zu vergleichen. Beim Industrievermögen (das rund ein Viertel des Volkssvermögens ausmacht) verfügen wir nicht über Zahlen. Es dürfte annährend gleich gewesen sein. Im Jahre 1950 kamen jedoch in der DDR auf 3,6 Personen eine Wohnung, in der Bundesrepublik Deutschland dagegen erst auf 5 Personen; pro Person verfügte die Bundesrepublik Deutschland über 4900 Quadratmeter Land, die DDR über 5900 Quadratmeter. Selbst wenn man eine Minderausstattung beim industriellen Vermögen annähme, so bleibt doch ein beträchtlicher Startvorsprung für die DDR übrig.

Was ist daraus bis heute geworden? Nach einer Vergleichsrechnung von Block, die nicht auf Wechselkursen, sondern auf Kaufkraftparitäten, beruht, liegt das Volkseinkommen pro Kopf heute in der Bundesrepublik Deutschland um zwei Drittel über dem der DDR.

Vergleicht man die Löhne pro Stunde, so sind sie in der Bundesrepublik Deutschland um rund 120 Prozent höher. Die Erklärung für die seltsame Diskrepanz zwischen Pro-Kopf-Einkommen und Stundenlohn: In der DDR ist ein größerer Teil der Bevölkerung erwerbstätig, der Erwerbstätige arbeitet pro Jahr länger als in der Bundesrepublik Deutschland (weniger Urlaub und Feiertage, geringerer Krankenstand), und schließlich wird dem Arbeitenden ein geringerer Anteil dessen ausgezahlt, was er produziert.

Marxistisch gesprochen: Die Ausbeutung ist in der DDR höher. Nach 25 Jahren Marktwirtschaft hier und Planwirtschaft dort bekommt ein Arbeiter in der DDR für die gleiche Leistung weniger als die Hälfte eines Arbeiters in der Bundesrepublik Deutschland.

Nun wird behauptet, eine Marktwirtschaft sei zwar sehr leistungsfähig in der Konsumgüterproduktion, sie vernachlässige aber die »höheren« Güter des Lebens, führe zu geringerer Lebensqualität: Umweltverschmutzung, Konsumterror, Repression, Verschwendung.

Schon ganz wenige Vergleiche zeigen, daß solche Behauptungen haltlos sind.

Um die Jahrhundertwende dürfte die durchschnittliche Arbeitszeit – vom Säugling bis zum Greis, Männer und Frauen, Werktag und Sonntag zusammengerechnet – bei sechs Stunden pro Tag gelegen haben. Zur Zeit der Währungsreform waren es immer noch drei bis vier Stunden. Heute sind es noch zwei. Meist denkt man nur an die wöchentliche Arbeitszeit; die ist von 1948 bis heute nur von 48 Stunden auf 40 Stunden zurückgegangen. Aber der Mensch tritt heute später ins Berufsleben ein, er wird früher pensioniert, und er lebt dann noch länger. Die Zahl der Feiertage, der Urlaubstage und der Krankheitstage ist gestiegen. Die Arbeitszeit ist heute gerade gleich groß wie die Fernsehzeit. Ein großer Teil des Wirtschaftswachstums hat die Form von mehr Freizeit angenommen – mehr als im Osten.

Um die Jahrhundertwende entfielen in Preußen 7 Prozent der Todesfälle auf Folgen von Wasserverschmutzung (Typhus, Ruhr). Die Wupper, die Niers, die Ruhr, die Emscher waren tote Flüsse. Die meisten der Älteren sind in Häusern mit Plumpsklo und Ofenheizung aufgewachsen. So schwierig und dringend die Probleme des Umweltschutzes sind – unsere Umwelt ist insgesamt gesehen sauberer und gesünder geworden. Dagegen treten die Umweltprobleme im Osten bei weit geringerer Besiedlungsdichte und einem Bruchteil der Industrieproduktion schon heute auf. Auch das ist systembedingt: Ein Minister für Leichtindustrie wird daran gemessen, wie stark die Produktion steigt. Umweltschutzmaßnahmen kosten Geld und mindern die Produktion. Bei uns haben die Interessenten sicher Einfluß – aber sie sitzen wenigstens nicht in der Regierung wie in den Planwirtschaften.

Die DDR hat einen wesentlich kleineren Teil ihres Gesamteinkommens für öffentliche Güter ausgegeben als die Bundesrepublik. Die Infrastruktur ist miserabel. Sowohl die Untersuchungen von Werner Obst, wie auch die der Arbeitsgruppe Ludz (Materialien zum Bericht zur Lage der Nation 1971) zeigen, daß die wirtschaftliche Rückständigkeit der DDR gerade auf übermäßiger Verschwendung (Kapital- und Materialverschwendung) beruhten. Statistisch erzeugt die DDR mehr Energie pro Kopf als die Bundesrepublik Deutschland. Dabei ist die Ausstattung mit elektrischen Haushaltsgeräten und mit Zentralheizungen geringer, und überdies gibt es ständig wieder Appelle zum Stromsparen. Wo also bleibt die ganze Energie? Sie bleibt in der Industrie. Der höhere spezifische Verbrauch (die Energieverschwendung) frißt einen großen Teil der Energieerzeugung auf.

Über das wichtigste der höheren Güter – die Freiheit – braucht man nicht zu sprechen. Karl Marx wurde von der preußischen Monarchie schlecht behandelt – gegenüber den Herrschaftsmethoden, die seine Anhänger im Osten praktizieren, war der preußische Staat aber ein Muster an Humanität und Liberalität.

## Die Armen werden reicher

Bei der Einkommensverteilung gibt es eine vieldiskutierte Erscheinung – die Konstanz der (bereinigten) Lohnquote. Von der Lohnquote ist die sogenannte Arbeitsquote zu unterscheiden. In der statistischen Position »Einkommen aus Unternehmertätigkeit und Vermögen« unserer volkswirtschaftlichen Gesamtrechnung sind nicht nur Vermögenseinkommen, sondern auch Arbeitseinkommen enthalten. Das ist der größte Teil der Einkünfte der Handwerker, Ärzte, Wirtschaftsprüfer, Rechtsanwälte, Bauern. Rechnen wir diese Arbeitseinkünfte zur Lohnquote hinzu, so erhalten wir die Arbeitsquote, die im historischen Ablauf verhältnismäßig konstant bei rund 80 Prozent des gesamten Volkseinkommens lag (heute etwa 84 Prozent).

Diese Erscheinung – konstante Lohnquote und konstante Arbeitsquote am Volkseinkommen – wird meistens falsch interpretiert. So sagt man, es sei nicht gelungen, den Anteil der Arbeitnehmer am Volkseinkommen zu erhöhen. Indes verbirgt sich hinter der Konstanz der Lohn- und Arbeitsquote eine fast revolutionäre Wandlung. Das Volksvermögen hat sich seit der Währungsreform bis Ende 1970 nominal mehr als versiebenfacht, bis Ende 1974 dürfte es sich gut verzehnfacht haben. Real gemessen, hat es sich mehr als vervierfacht. Die Menge aller Arbeit – das sogenannte Arbeitsvolumen – ist dagegen seit der Währungsreform nur um etwa ein Drittel gestiegen. Die eigentliche Wandlung liegt darin, daß heute die dreifache Menge Kapital pro Arbeitseinheit immer noch den gleichen Anteil am Gesamtprodukt hat wie damals.

Was unsere heutige Situation vom 19. Jahrhundert so grundlegend unterscheidet, ist die Tatsache, daß im 19. Jahrhundert zwar ein beachtliches Wirtschaftswachstum erzielt wurde, daß sich aber sowohl das Kapital wie auch das Arbeitsvolumen gleichmäßig erhöhten. Die Rendite des Kapitals wie auch der Lohn blieben verhältnismäßig konstant. Heute dagegen wird das Wirtschaftswachstum bei fast gleichbleibendem Arbeitsvolumen, aber sehr schnell wachsendem Kapital erreicht. Der Lohn pro Stunde steigt, während die reale Rendite des Kapitals fällt.

Der grundlegende Wandel der Situation im 20. Jahrhundert im Vergleich zum 19. Jahrhundert liegt darin, daß sich im Wirtschaftswachstum die Situation des einzelnen Arbeitenden gegenüber dem einzelnen Kapitalisten kontinuierlich verbessert hat. Zwei Beispiele: Im Jahre 1949 dürfte die reale Rendite des Kapitals (nominelle Rendite minus Inflationsrate) in der Wirtschaft bei rund 10 Prozent gelegen haben; im Jahre 1974 lag sie unter 4 Prozent. Dagegen hat sich der reale Lohn in derselben Zeit vervierfacht. Das bedeutet: ein Kapitalist, der im Jahre 1949 ein Vermögen von fünfundzwanzigtausend DM hatte, bezog Zinsen, die ungefähr dem Lohn eines Bauarbeiters entsprachen. Im Jahre 1974 hätte unser Kapitalist dafür ein Vermögen von fünfhunderttausend DM nötig gehabt.

Das beliebteste Beispiel eines reichen Müßiggängers in unseren Illustrierten ist Arndt von Bohlen und Halbach. Er bezieht aus der Krupp-Stiftung zwei Millionen DM pro Jahr und hat damit heute ein arbeitsloses Einkommen, das etwa dem von 120 Bauarbeitern entspricht. Wenn sich die Lohnsteigerungen noch 40 Jahre lang so fortsetzen, wie sie in den letzten drei Jahren waren, dann wird ein Bauarbeiter in weniger als 40 Jahren ein Einkommen von einer Million Mark pro Jahr haben. Bekommt Herr von Bohlen und Halbach nach wie vor zwei Millionen DM, dann hat er noch den Lebensstandard zweier Bauarbeiter.

Wir können das Problem auch andersherum stellen: Wenn Herr von Bohlen und Halbach seine Verteilungsposition halten will, dann muß er einen Teil seines arbeitslosen Einkommens sparen, um daraus später Zinsen zu beziehen. Eine kleine Hilfsüberlegung soll das verdeutlichen. Wenn die ewige Rente von zwei Millionen mit einem Kapitalisierungszinsfuß von 10 Prozent kapitalisiert wird, dann ergibt sich ein Vermögenswert von zwanzig Millionen DM. Nehmen wir an, die Löhne würden sich mit einer Jahresrate von 10 Prozent nominal erhöhen, dann muß der Einkommensstrom, der aus dem Vermögen fließt, sich ebenfalls um 10 Prozent pro Jahr erhöhen, wenn Herr von Bohlen und Halbach seine Position in der Verteilungspyramide halten will. Der Kapitalstock muß dann mit einer Rate von 10 Prozent pro Jahr wachsen, denn nur dann wächst auch der Ertrag mit 10 Prozent. Also bleibt der Schluß, daß Herr von Bohlen und Halbach seine relative Verteilungsposition nur dann bewahren kann, wenn er sein Einkommen vollständig spart, wenn er überhaupt nicht konsumiert. Da das wiederum nicht möglich ist, so wird er seine relative Position verschlechtern, selbst dann, wenn er ein ganz bescheidenes Leben führt. Diese Überlegungen lassen deutlich werden, warum der Stand der »Rentiers« und »Couponschneiders« des 19. Jahrhunderts ausgestorben ist.

Bleibt die Frage, wie das mit der historischen Erfahrung vereinbar ist. Die Vermögenseinkünfte in der gesamten Volkswirtschaft entsprachen im großen und ganzen den Neuinvestitionen. Da die Kapitalisten auch leben mußten, kann dieses Kapital nicht allein von ihnen gekommen sein. Sie haben zwischen einem Viertel und der Hälfte ihrer Einkünfte gespart. Also muß der restliche Vermögenszuwachs aus anderen Einkünften gekommen sein. Diese anderen Sparer waren der Staat und die Arbeitnehmer.

So ist die Frage geklärt: Zwar hat das »Kapital« seinen Anteil am Volkseigentum fast erhalten können, nicht aber konnten das die Kapitalisten von 1950 oder die Kapitalisten von 1960. Ein beträchtlicher Teil der Kapitaleinkünfte von heute fließt Familien zu, die vor zwanzig oder vor zehn Jahren noch kein Kapitaleinkommen hatten. In die Zukunft projiziert, heißt das, daß die Kapitalisten von heute im Jahre 1980 nur noch gut 10 Prozent des Volkseinkommens beziehen werden; im Jahre 1990 werden es nur noch 4 Prozent sein und im Jahre 2000 ist der Satz zwischen 1 und 2 Prozent abgesunken. Auch dann wird vermutlich das »Kapital« noch 20 Prozent des Volkseinkommens beziehen – aber nicht das Kapital, das heute vorhanden ist, und auch nicht die heutigen Kapitalisten.

Die Vermögensverteilung ist demnach ein schlechtes Maß für die Verteilung des Wohlstands. Es ist aber zweifelhaft, ob die Einkommensverteilung ein so viel besserer Maßstab ist.

Ein Beamter des höheren Dienstes, der als Regierungsrat anfängt, kann nicht nur damit rechnen, daß die Gehälter von Regierungsräten mit der allgemeinen Einkommensentwicklung Schritt halten. Er kann außerdem darauf zählen, daß er bis zum Ende seiner Dienstzeit den Rang eines Ministerialrats erreicht haben wird. Sein Einkommen steigt schneller als der Durchschnitt.

Ein Akkordarbeiter im Alter von 25 Jahren kann damit rechnen, daß sich die Akkordverdienste ebenso schnell wie das Volkseinkommen erhöhen; er muß aber wohl in Rechnung stellen, daß seine Leistungsfähigkeit gegen Ende des Arbeitslebens abnimmt.

Eine Witwe, die die Lebensversicherung ihres Mannes in Bundesanleihen anlegt, weiß, daß dieser Betrag gleich bleibt, unabhängig davon, wie hoch die Inflationsrate und die Löhne steigen.

Ein Student der Zahnmedizin, der von einer Unterstützung nach dem Bundesausbildungsförderungsgesetz lebt, kann damit rechnen, daß er später einmal als Zahnarzt ein erhebliches Einkommen haben wird.

Mißt man den Wohlstand all dieser Personen an ihrem Vermögen, so liegt die Witwe mit weitem Abstand vorne. Nehmen wir an, unsere Witwe würde sechsunddreißigtausend DM pro Jahr Zinsen beziehen, so läge sie, am Einkommen gemessen, hinter dem Regierungsrat, aber vor dem Bauarbeiter und bei weitem vor dem Studenten.

Messen wir den Wohlstand aber an dem, was sie konsumieren können, ohne daß sich ihr Verteilungsstatus verschlechtert, dann ist wahrscheinlich der Student der Zahnmedizin oben, es folgt der Regierungsrat. Der Abstand zwischen Regierungsrat und Bauarbeiter ist nun sehr groß geworden, und die Witwe rangiert ganz am Schluß.

Offenbar gibt aber ein solches Maß den Wohlstand der Beteiligten am besten wieder. Eine so gemessene Wohlstandsverteilung würde deutlich machen, wie wenig heute Vermögen und Vermögenseinkünfte zur Wohlstandsverteilung beitragen, aber auch wie schlecht sich das laufende Einkommen für den Vergleich eignet.

Mißt man die Wohlstandsverteilung in dieser Weise am möglichen Konsum, dann ergibt sich – je nach Annahmen – ein Anteil des Kapitals am Gesamtwohlstand von 3–7 Prozent. Hätte man dieselbe Rechnung vor 100 Jahren aufgemacht, dann wäre man auf über 40 Prozent gekommen. Nun kommt es gar nicht darauf an, ob es dem »Faktor Arbeit«, sondern daß es den Arbeitern gut geht. Heute entfällt ein großer Teil der Vermögenseinkünfte auf Arbeitnehmerhaushalte. Allein deren Geldvermögen ist größer als das gesamte Eigenkapital der Industrie.

Wählt man zweckentsprechende Meßverfahren, so zeigt sich, daß die Wohlstandsverteilung ganz außerordentlich viel gleichmäßiger geworden ist und daß sie immer gleichmäßiger wird.

## Brutalität des Überflusses: »Konsumterror«

Die Behauptungen von der »Macht der Industrie«, von der »Monopolisierung der Märkte«, der »Manipulation der Verbraucher« werden bis heute geglaubt. Doch so genau hat niemand zu sagen gewußt, was eigentlich Macht ist und wie man sie messen kann. Sicherlich ist Macht eine Art von Ungleichheit: der eine befiehlt und der andere gehorcht; der eine hat Macht und der andere wird dieser Macht unterworfen. Doch ist die Ungleichheit der Machtverteilung sicher etwas anderes als die Ungleichheit der Einkommens- oder Vermögensverteilung. Ein Offizier hat Befehlsgewalt über seine Truppe, ganz unabhängig von seinem Einkommen oder seinem Vermögen. Ein Abteilungsleiter oder ein Direktor in einem Unternehmen haben normalerweise keinen Anteil an diesem Unternehmen, und doch haben sie Weisungsbefugnis. Ein Richter, der ein Urteil vollstrecken läßt, ein Polizeibeamter, der ein Strafmandat ausstellt – sie alle haben Macht ohne Einkommen oder Vermögen.

In wirtschaftlichen Angelegenheiten sieht die Sache anders aus. »Der Spiegel« hat wohl die »Macht«, seinen Abonnenten zu kündigen. Eine Sparkasse hat durchaus die »Macht«, die Sparguthaben zurückzuweisen oder gar zurückzuzahlen. Aber niemand wird erwarten, daß der Verlag des »Spiegels« oder die Sparkassen so handeln. Sie würden sich selbst schädigen.

Man sagt, der Hausbesitzer habe die »Macht«, seinen Mietern zu kündigen. Diese Macht rührt nur daher, daß der Vermieter anschließend die Möglichkeit hat, die Wohnung teurer zu vermieten. Nehmen wir den umgekehrten Fall, daß der Mieter eine besonders hohe Miete zahlt und daß der Hausbesitzer diese Miete nicht mehr bekommen könnte, so hat der Hausbesitzer offenbar keine Macht mehr, weil er sich durch eine Kündigung schädigen würde. Nun hat der Mieter Macht: Er kann dem Hausbesitzer drohen, daß er auszieht.

Wirtschaftliche Macht ist eine Angelegenheit des Preises. Sie entsteht dort, wo ein Preis höher oder niedriger als der Marktpreis liegt. Die Wirtin, die dem Studenten ein Zimmer billig überläßt, gewinnt dadurch ein wenig Macht über den Studenten – er muß ihr die Kohlen aus dem Keller holen, oder den Abfall heruntertragen.

Milton Friedman hat diesen Zusammenhang am Beispiel der Diskriminierung der Neger in den Vereinigten Staaten erläutert. Wenn Neger diskriminiert werden, so bedeutet das, daß die Löhne und Gehälter bei gleicher Qualifikation niedriger sind als bei Weißen. Ein Unternehmer, der Neger diskriminieren will, muß einem gleichqualifizierten Weißen mehr bezahlen. Er verzichtet auf einen Teil seines Gewinns, wenn er diskriminiert.

So ist die Ausübung wirtschaftlicher Macht auch in der Marktwirtschaft möglich. Sie ist aber unwahrscheinlich, weil Machtausübung bezahlt werden muß.

In bürokratischen Organisationen ist das anders: Dort ist

jedem Mächtigen Macht verliehen; er kann sie ausüben, ohne daß es ihn selbst etwas kostet. Wenn man die Beamten in den Automobilzulassungsämtern nach der Zahl der zugelassenen Automobile bezahlen würde, dann käme es nicht vor, daß ein solcher Beamter sein Frühstücksbrot auspackt und den Schalter schließt, solange noch viele Menschen vor seinem Schalter warten. Wenn die Fernsehintendanten und die Fernsehjournalisten nach der Anzahl der Zuschauer bezahlt würden, würden sie uns bessere Programme bieten. Wenn der Professor nach der Anzahl der Studenten bezahlt würde, die er ausbildet, dann wäre der Numerus clausus überflüssig. So aber haben alle – der Schalterbeamte, der Fernsehintendant, der Professor – wirtschaftliche Macht, die sie nicht hätten, wenn sie in ein Marktsystem eingegliedert wären und ihr Einkommen sich nach den Gesetzen des Marktes richten würde.

Für alle, die die Währungsreform miterlebt haben, wird ein Erlebnis unvergeßlich bleiben: Vor der Währungsreform waren die Einzelhändler etwas barsche Menschen, mit denen man sich gut stellen mußte, die man zuvorkommend behandelte. Nach der Währungsreform waren die Einzelhändler freundliche Menschen, die sich um ihre Kunden bemühten. Natürlich hatte sich nicht der Charakter aller Einzelhändler vom 20. auf den 21. Juni 1948 geändert. Die Machtposition war umgeschlagen. Vorher war der Einzelhändler ein Mann, der über staatliche Wohltaten gnädig (d. h. unter Marktpreis) verfügte. Nachher konnte er den vollen Preis verlangen, und damit verlor er seine wirtschaftliche Macht.

Auf einen kurzen Nenner gebracht: Genau da, wo der Markt herrscht, wo der Preis dem Marktpreis entspricht, kommt die Macht abhanden. Umgekehrt entsteht Macht genau dort, wo die Preise keine Marktpreise sind. Eine Planwirtschaft benötigt Macht.

Die Sozialisten behaupten, in den letzten beiden Jahrzehnten habe sich die Wettbewerbswirtschaft zu einer Monopolwirtschaft verwandelt. Also hätten die Unternehmen Macht. Das Argument, das für diese Behauptung angeführt wird, ist die unbestreitbare Tatsache, daß die Zahl der selbständig produzierenden Unternehmen in der Bundesrepublik

Deutschland immer weiter zurückgeht. Aber darauf kommt es nicht alleine an. Die Macht der Unternehmen hängt davon ab, zwischen wie vielen Angeboten der Käufer als Konsument oder als Arbeitnehmer oder als Kapitalanleger wählen kann. Auf den meisten Gebieten haben sich die Wahlmöglichkeiten für den Nachfrager vergrößert, obwohl die Zahl der selbständigen Produzenten zurückging.

Die Automobilindustrie ist ein typisches Beispiel dafür. Vor 20 Jahren gab es Borgward und Lloyd, Gutbrod und Maiko, Zündapp und DKW, Glas und Kleinschnittger – alles Anbieter, die untergegangen sind. Trotzdem ist die Konkurrenz im Inland härter geworden, und der Käufer hat mehr Wahlmöglichkeiten. Vor 20 Jahren waren ausländische Wagen noch so gut wie unbekannt. Renault, Citroen, Simca, Alfa, Autobianchi, Lancia, Austin, Volvo, Saab, Toyota und Honda waren für Deutsche nicht diskutabel.

Vor 20 Jahren machten die inländischen Anbieter trotz ihrer großen Zahl hohe Gewinne, heute erleiden einige von ihnen Verluste. Wer vor 20 Jahren einen Bodenbelag für ein Badezimmer suchte, der konnte Fliesen oder Linoleum nehmen. Seitdem ist die Zahl der Fliesenproduzenten und der Linoleumhersteller geschrumpft. Aber heute gibt es nicht nur viele ausländische Anbieter am deutschen Markt, es gibt auch viel mehr Produkte – PVC und Teppichboden, Gummi und Filz.

Zuverlässig gemessen hat noch niemand, ob die Monopolisierung in unserer Wirtschaft zu- oder abgenommen hat. Sicher ist nur, daß die Renditen der Unternehmen in diesen zwanzig Jahren zurückgegangen sind und daß der Anteil der Gewinne am Volkseinkommen kleiner geworden ist. Zumindest diese Zahlen deuten darauf hin, daß der Wettbewerb härter, also die Möglichkeit der Ausübung wirtschaftlicher Macht in dieser Zeit kleiner geworden ist.

All dies ist prinzipiell nachprüfbar. Da alle geistreichen Theorien in krassem Widerspruch zur Erfahrung stehen, hat man sich eine Sache ausgedacht, die nicht so leicht zu widerlegen ist: die Manipulation des Verbrauchers. Es begann wahrscheinlich mit Vance Packards Buch »Die geheimen Verführer«. Packard berichtet darin, man habe in eine Filmsendung Werbebotschaften für Coca Cola eingestreut, und zwar so kurz, daß der Beschauer sie nicht einmal wahrnahm. Daraufhin sei der Absatz von Coca Cola sprunghaft angestiegen. Die Leute waren beeinflußt worden, ohne daß sie es gemerkt hatten. Als man diese Behauptung einer wissenschaftlichen Kontrolle unterzog, ergab sich kein Ergebnis. Es gab keine »geheime Verführung«.

Aber es soll einmal unterstellt werden, man könne erwachsene Menschen im Vollbesitz ihrer geistigen Kräfte manipulieren, und es soll weiter unterstellt werden, die Industrie verfüge über ein Wissen, das es ihr erlaubt, die Manipulation vorzunehmen. Dann muß man sich wundern, warum gerade einige unserer größten Industriefirmen – beispielsweise das Volkswagenwerk und die AEG – in Schwierigkeiten kommen konnten. Warum haben sie die Verbraucher nicht so manipuliert, daß sie mehr Volkswagen oder mehr Haushaltsgeräte kauften? Warum ist es der Firma Braun gelungen, die Männer zu manipulieren, daß sie sich mit ihren Rasierapparaten rasieren, aber nicht, daß sie ihre Radios hören, ihre Saftpressen benutzen oder mit ihren Ventilatoren lüften? Warum wird in der Bundesrepublik Deutschland überhaupt die Sparquote immer höher, wenn die Industrie mit Hilfe von Manipulation einen Konsumterror erzeugt? Vor allen Dingen: Warum ist die Sparquote in der Bundesrepublik Deutschland um so viel höher als in der DDR, wo es keine Werbung und keine Manipulation gibt? Die Linke hat mit dem »Konsumterror« die wohlgefüllten Regale im Einzelhandel auf dieselbe Stufe gestellt wie Konzentrationslager, Todesautomaten und Hungersnot. Wir sollten sie nicht dagegen eintauschen.

## Lebensqualität: Goldmedaille für die Schweiz

Die zentrale These dieses Buches lautet, daß in einer Gesellschaft die Marktelemente um so stärker werden müssen, je höher die Gesellschaft entwickelt ist. Marktrationale Organisation bedeutet Dezentralisierung von Entscheidungen, Verkleinerung der organisatorischen Einheiten, Stärkung von Selbstverantwortung und Selbstbestimmung.

Auf der Suche nach einer Gesellschaft mit einer besonders reinen Form der Marktwirtschaft, besonders geringem Anteil des Staates (also des bürokratischen Teils der Gesellschaftsorganisation) und starken Marktelementen selbst innerhalb der Staatsorganisation stößt man auf die Schweiz. Für den Anteil des Staates gibt es als Anhaltspunkte die Steuerlastquote und die Staatsquote; die erste liegt in der Schweiz bei rund 16 Prozent (zum Vergleich: Bundesrepublick Deutschland rund 24 Prozent). Die Staatsquote (einschließlich Sozialversicherung) wird nicht ermittelt, sie dürfte rund 25 Prozent betragen (Bundesrepublik Deutschland 1975: 48 Prozent).

Auch in der Wirtschaft sind die Marktelemente (d. h. die Dezentralisierung von Entscheidungen) ausgeprägter als in der Bundesrepublik Deutschland. Die Schweizer Unternehmen sind im Durchschnitt wesentlich kleiner als die deutschen; Großindustrie im eigentlichen Sinne gibt es kaum. Die Schweiz hat rund 80 000 zum Teil sehr kleine Aktiengesellschaften und mehr Börsen als die Bundesrepublik Deutschland. In der Bundesrepublik Deutschland gibt es 2 000 Aktiengesellschaften und insgesamt 120 000 Kapitalgesellschaften bei zehnfacher Bevölkerung. Die zwingende Gesetzgebung im Bereich der Wirtschaft und damit die Beschränkung unternehmerischer Entscheidungen macht nur einen Bruchteil der deutschen aus. Die Grundelemente des Marktes – Vertragsfreiheit und Eigentum – sind stärker ausgeprägt, weil weniger eingeschränkt.

Im Bereich des Staates selbst liegt die Bevölkerungszahl einer schweizer Gemeinde im Durchschnitt bei einem Zehntel unserer Gemeinden. Der Kanton (einschließlich der Halbkantone) hat weniger als ein Zwanzigstel der Bevölkerung eines Bundeslandes. Dafür sind die politischen Befugnisse der Gemeinden in der Schweiz größer; dasselbe gilt beim Vergleich von Kanton und Bundesland. Die eidgenössische Bundesregierung hat geringe Zuständigkeiten (insbesondere Außenpolitik und Verteidigung); der Regierungschef wechselt jährlich. Wer in der Schweiz gerade Regierungschef ist, wissen viele Schweizer nicht und ganz selten ein Ausländer.

Die Schweiz hat die unauffälligste Regierung der Welt. Ein großer Teil der »öffentlichen« Aufgaben liegt in der Schweiz in privater Hand, und die öffentlichen Unternehmen selbst haben ein größeres Maß an Selbständigkeit (d. h. Unabhängigkeit von der Politik) als bei uns.

Die Schweizer Gemeinde ist noch einen Blick wert. In der Bundesrepublik Deutschland werden die wenigen freien Entscheidungen, die eine Gemeinde überhaupt noch hat (insbesondere Bauplanung), von einem Parlament getroffen, das der Bürger über Parteilisten wählt. Die Demokratie ist nicht nur indirekt (weil repräsentativ), sondern insbesondere auch unpersönlich (Listenwahl statt Persönlichkeitswahl). Der Bürgermeister ist ein Politiker, kommt meist von auswärts und ist von der Herkunft oft Verwaltungsjurist. In der Schweiz wird ein Großteil der Entscheidungen von den Bürgern in unmittelbarer Abstimmung getroffen; wo das Repräsentationsprinzip gilt, da doch als Persönlichkeitsprinzip. Der Bürgermeister ist selten parteigebunden, fast immer Einheimischer und eher Unternehmer als Verwalter. Die Gemeinde wird ähnlich wie ein Unternehmen geführt: Kurz: Die Schweiz ist in fast jeder Beziehung der Extremfall einer Dezentralisierung von Entscheidungen, d. h. eines Überwiegens der Marktelemente gegenüber der Bürokratie bis weit in die innere Struktur des Staates selbst.

Die Schweiz verfügt – mit Ausnahme von Salz – über keine Bodenschätze. Nur ein Viertel des Landes ist landwirtschaftlich nutzbar, der größere Teil davon nur für die Viehzucht. Es gibt keine schiffbaren Flüsse, keinen direkten Zugang zum Meer und wegen der Alpen sehr schwierige Verkehrsverhältnisse. Im Lande werden vier Sprachen gesprochen, was Verwaltung und Handel erschwert. Normalerweise nimmt man an, großer Wohlstand setze einen großen Markt voraus. Der Binnenmarkt ist sehr klein, und die Schweiz gehört weder den europäischen Gemeinschaften noch dem internationalen Währungsfonds an.

Zu Anfang 1976 steht die Schweiz sowohl im Volkseinkommen pro Kopf als auch im Lohn pro Stunde an der Spitze der Welt. Die Schweiz erlebte 1975 die schwerste Wirtschaftskrise seit dem Zweiten Weltkrieg – die Arbeitslosigkeit stieg auf 0,9 Prozent. Mitte 1976 waren die Preise vollkommen stabil. Das ist nur der leicht meßbare Teil der Lebensqualität. Der Lebensstandard hängt nicht so sehr vom Einkommen insgesamt als vom frei verfügbaren Einkommen ab. Fast jeder Amerikaner und die meisten Deutschen brauchen ein Auto. Die meisten Schweizer haben ein Auto, sie brauchen es aber nicht. Das Auto ist ein echtes Luxusgut.

Die Entfernungen zwischen Wohnung und Arbeitsplatz (und damit das Pendlerproblem und der Zeitverbrauch dafür) sind im Vergleich zur Bundesrepublik Deutschland, besonders aber zu den USA sehr klein. Die räumliche Struktur ist ausgeglichen. Der einzige Ballungsraum, Zürich, liegt in Zahl und Dichte zwischen unseren »Ballungsräumen« Karlsruhe und Nürnberg/Fürth. Die anderen Großstädte, Basel, Bern, Genf und Lausanne, entsprechend etwa Kassel, Freiburg, Osnabrück und Trier.

Die Umwelt – ob Wasser oder Luft – ist sauberer als in irgendeinem entwickelten Land.

Die Wirtschaftsstruktur ist bemerkenswert. Abgesehen von Chemie, Feinmechanik und Maschinen, sind die wichtigsten »Exportindustrien« Tourismus und Bankwesen. Selbst Gesundheit und Erziehung werden exportiert. Wer es sich in Deutschland leisten kann, der kuriert sich in Schweizer Sanatorien und schickt seine Kinder in Schweizer Internate.

Verbrechen sind selten (weshalb die Schweiz zu Zimmermanns »XY-ungelöst« fast nichts beitragen kann, Polizei und Justiz klein sind und der Schweizer sein Militärgewehr mit nach Hause nehmen kann).

Radikalismus ist fast unbekannt.

Wer die Schweiz häufig besucht, ist erstaunt über die Verbindung von wirtschaftlicher Dynamik und Gelassenheit des Lebens, über die Fülle an neuen kulturellen Leistungen in Architektur, Wissenschaft, Theater und Literatur trotz (oder wegen?) geringer staatlicher Subventionierung; man vergleiche Zürich mit Nürnberg, Genf mit Osnabrück, St. Gallen mit Delmenhorst. (Die Beispiele sind fair: Man hätte zum Vergleich auch Duisburg, Krefeld und Rüsselsheim wählen können).

Dem schweizer Finanzwissenschaftler Wittmann fällt für

die öffentliche Armut in der Schweiz ein ungemein überzeugendes Beispiel ein: In manchen Teilen des Landes werde die Post nur noch einmal am Tag zugestellt (in: »Der unbewältigte Wohlstand«).

Kurz: Wenn es eine Goldmedaille für Lebensqualität gäbe, so gehörte sie der Schweiz. Der wichtigste Indikator der Lebensqualität ist der Wunsch der Leute, ein Land zu verlassen oder als Heimat zu wählen. Die Staaten des Ostblocks müssen Mauern gegen die Abwanderung errichten. Die Schweiz aber hätte bald die zehnfache Bevölkerung, würde sie Einwanderung unbegrenzt zulassen.

Nur für den Intellektuellen ist die Schweiz ein rückständiges Land. Tatsächlich zeigt sie mehr als jede andere Gesellschaftsform, wo die Entwicklungsmöglichkeiten liegen: in der Dezentralisierung von Entscheidungen, der Verkleinerung der Organisationen, der Selbstbestimmung und Selbstverantwortung des Einzelnen und der kleinen Einheit, den überschaubaren Lebensverhältnissen. Die Schweiz hat mehr Markt, mehr Demokratie und mehr Wohlstand als jede andere Gesellschaft der Welt.

# Der Weg
# in die Bürokratie

Die Kunst des Fortschritts besteht darin, inmitten des Wechsels Ordnung zu wahren, inmitten der Ordnung Wechsel aufrecht zu erhalten.

Whitehead

Das Verdienst der Neomarxisten liegt darin, daß sie einem bis dahin stummen Unbehagen zum Ausdruck verholfen haben.

Schon am Beginn der Kapitalismuskritik stand jedoch ein eigentümlicher Widerspruch. Man sagte, daß es an Kindergärten, Schulen, Studienplätzen, Krankenhausbetten, öffentlichen Nahverkehrsmitteln mangelt. Man wies auf die Absurdität hin, daß landwirtschaftliche Produkte erst erzeugt und anschließend vernichtet werden. Man klagte über die Wohnungsversorgung und forderte mehr und bessere Straßen. Die Klagen richteten sich nicht gegen marktwirtschaftlich organisierte Bereiche, sondern gerade gegen die Teile der Wirtschaft, die bürokratisch gelenkt werden. Niemand klagt über schlechte Versorgung mit Zement, mit Automobilen, mit Herrenoberhemden oder Südfrüchten. Offenbar bewältigen die Marktbereiche ihre Aufgabe reibungslos, während die Leistung der bürokratischen Bereiche als mangelhaft empfunden wurde. Die Kapitalismuskritik war eigentlich Staatskritik. Es bedurfte seltsamer geistiger Verrenkungen – wie der Stamokap-»Theorie« –, um beklagte Mängel und behauptete Ursache unter einen Hut zu bringen.

Die Krankheit selbst, die Ende der sechziger Jahre zuerst von der APO erkannt wurde, ist inzwischen für jedermann sichtbar. Das Unbehagen ist allgemein. Psychische Krankheiten nehmen zu. Wissenschaftliche Untersuchungen zeigen, daß zwischen der Hälfte und zwei Drittel der Bevölkerung unter Stress, Neid, emotionaler Leere und Kontaktarmut leidet. Trotz steigenden Lebensstandards nimmt die Zufriedenheit ab. Die Ansprüche steigen schneller als die Erfüllungsmöglichkeiten. Vor diesem Hintergrund ist die Frage nach dem Sinn des Wirtschaftswachstums berechtigt.

Mittlerweile ist die Wachstumskritik in Wachstumspessimismus umgeschlagen. Die Verteilungskämpfe nehmen an Härte zu, aber es gibt keinen Zuwachs mehr zu verteilen. In den sechziger Jahren lag das reale Wachstum noch bei rund 5 Prozent pro Jahr, in den Siebzigern ist es auf unter 2 Prozent gefallen, und auch die beruhen auf einer statistischen Illusion. Beklommenheit und Furcht treten an die Stelle der »Großen Hoffnung des 20. Jahrhunderts« (der Titel des berühmten Buches von Fourastié). Der Zukunftsforscher Daniel Bell entwickelt die Vision einer postindustriellen Gesellschaft. Die Industrie kann ihre Aufgaben mit immer weniger Menschen bewältigen. Der Dienstleistungssektor dagegen ist schwer rationalisierbar. Er nimmt zu. Die postindustrielle Gesellschaft ist eine Dienstleistungsgesellschaft, deren Einkommen nicht mehr wächst.

Tatsächlich aber nehmen die Dienstleistungen ständig ab: Es gibt keine Hausangestellten mehr; im Hotel werden die Schuhe nicht mehr geputzt; die Post wird nur noch einmal zugestellt, und der Bäcker bringt keine Brötchen mehr. Der Mangel an Handwerkern zwingt auch Wohlhabende zum Do-it-yourself. Niemand läßt sich mehr beim Friseur rasieren.

Andere Dienstleistungen gehören zu den Wachstumsindustrien, sind aber rationalisierbar: Banken, Handel, Versicherung, Tourismus, Bildung, Gesundheit, Telefon, Verkehr. Die spektakulären Rationalisierungserfolge liegen gerade hier – Datenverarbeitung, Selbstwählverkehr, Großraumflugzeuge, Selbstbedienung.

Zu den »Dienstleistungen« zählt auch der gesamte Verwaltungsapparat des Staates, zählen die Verbände, Gewerkschaften, Rechtsanwälte, Steuer- und Rentenberater. Das Wachstum des statistischen Sektors »Dienstleistungen« beruht vorwiegend auf Bürokratisierung der Gesellschaft. Die übermäßige Bürokratisierung ist es aber gerade, die am »Unbehagen« schuld ist, das Wachstum bremst, Verteilungskämpfe verschärft. Das ist das Thema dieses dritten Teils.

## Der Leviathan und seine Kinder

Vor der Währungsreform war der Staat allgegenwärtig. Wer essen wollte, mußte zum Ernährungsamt; wer Schuhe brauchte, zum Bezugscheinamt; wer wohnen wollte, zum Wohnungsamt. Unternehmern wurden Rohstoffe zugeteilt, Kredite bewilligt, Investitionen genehmigt. Ein Einfuhrantrag mußte in 14facher, ein Zahlungsantrag ins Ausland in 8facher Ausfertigung ausgefüllt werden. Gute Beziehungen zählten mehr als wirtschaftliche Leistung.

Mit all dem war es nach der Währungsreform vorbei. Der ganze riesige Kontroll- und Verwaltungsapparat des Staates wurde überflüssig.

Trotzdem: Seit 1948 hat sich der öffentliche Dienst mehr als verdoppelt. Er wuchs im Durchschnitt mit einer Rate von 3,4 Prozent pro Jahr. Zuerst etwas langsamer, in letzter Zeit aber immer schneller. In den fünfziger und frühen sechziger Jahren wuchs der öffentliche Dienst doppelt so schnell wie die Bevölkerung. Seit Ende der sechziger Jahre wächst er dreimal so schnell. Heute sind rund ein Fünftel der unselbständig Beschäftigten in öffentlichen Händen (jeweils öffentlicher Dienst im weiteren Sinne); bei der Lohn- und Gehaltssumme liegt der Anteil bei einem Viertel (einschließlich fiktive Rückstellungen für Pensionen). Ginge die Entwicklung so weiter, so wären im Jahre 2043 sämtliche Erwerbstätigen im öffentlichen Dienst. Der Staatsanteil (einschließlich Sozialversicherungen etc.) lag im Jahre 1969 bei rund 37 Prozent des Sozialproduktes. Die SPD-Langzeitkommission hatte seinerzeit gefordert, der »öffentliche Korridor« sollte auf 42 Prozent erweitert werden. Tatsächlich lag er im Jahre 1975 schon bei rund 48 Prozent.

Ihren sichtbarsten Ausdruck findet die Staatstätigkeit in der Produktion von Gesetzen. Gesetze brauchen nicht nur Beamte, die sie verwalten, sie brauchen auch Gerichte, Rechtsanwälte, Steuerberater etc. Jedes zusätzliche Gesetz schränkt die Handlungsmöglichkeiten der Bürger ein. Allein die Gesetzgebung des Bundes hat sich (gemessen am Umfang des Bundesgesetzblatts) von 800 Seiten im Jahre 1950 über

1500 Seiten im Jahre 1969 auf rund 3700 Seiten im Jahre 1974 erhöht. Die Landesgesetzgebung und der Papierausstoß der Europäischen Gemeinschaften sind darin noch nicht enthalten.

Heute besitzt der Staat rund ein Drittel des gesamten Volksvermögens; im Bereich der Wirtschaft ist es ein gutes Viertel. Während allerdings private Unternehmen im Wettbewerb stehen, verfügen die staatlichen Unternehmen großenteils über Monopole.

Neben öffentlichen Unternehmen gibt es eine Fülle quasistaatlicher und staatlich privilegierter Unternehmen – von der Ruhrkohle AG bis zu den »gemeinnützigen« Wohnungsbaugesellschaften (insgesamt 2000, voran die »Neue Heimat«).

Berechnet nach dem Eigenkapital, braucht das Bankwesen nicht verstaatlicht zu werden – es ist bereits zu über 60 Prozent staatlich. Allein der reguläre Gewinn der Bundesbank ist größer als der gesamte Gewinn des privaten Bankwesens. Würde man die Bundesbank privatisieren und an der Börse einführen, so läge ihr Wert bei 60–70 Milliarden DM, zehn- bis zwölfmal so hoch wie der Wert der größten Privatunternehmen und ebenso groß wie der Wert sämtlicher an der Düsseldorfer Börse notierter Aktien.

Im Jahre 1974 entfielen von den Netto-Investitionen (Investitionen minus Abschreibungen) 39 Milliarden auf die Unternehmen, 36 Milliarden auf den Wohnungsbau und 32 Milliarden auf öffentliche Haushalte. Wenn die staatlichen Unternehmen (die im Sektor »Unternehmen« enthalten sind) ebenso wie die privaten investiert haben, dann entfallen auf den Staat einschließlich staatliche Unternehmen 41 Milliarden DM, auf die Wirtschaft noch 29 Milliarden DM Nettoinvestitionen. Am Sektor Wohnungswirtschaft sind der Staat und seine Unternehmen mit über 5 Prozent direkt beteiligt; der Rest wird über den sozialen Wohnungsbau, die steuerliche Privilegierung gemeinnütziger Wohnungsbauunternehmen, die Vergünstigungen für Bausparkassen und die steuerliche Förderung für Private staatlich gelenkt. Im Sektor Wirtschaft entfallen wesentliche Teile auf staatlich besonders geförderte Investitionen: Regionalförderung wie im

Zonenrandgebiet und in Berlin, Branchenbegünstigungen in der Landwirtschaft, im Schiffbau, Flugzeugbau, in privaten Krankenhäusern.

Staatlich unbeeinflußt (bzw. nur im Rahmen des allgemeinen Steuerrechts beeinflußt) blieben nur noch etwa 15–20 Milliarden DM von rund 100 Milliarden DM. Auch hier wird noch global gelenkt. Erst die Investitionssteuer, dann die Investitionszulage.

Das System der staatlichen Investitionslenkung ist fast lückenlos. Allerdings, die Resultate der staatlichen Investitionslenkung sind wenig ermutigend: Butterberge, Rindfleischberge, Milchpulverberge, Bettenhalden, Kohlehalden, Wohnungshalden, Schiffslager, verlassene Höfe, Pleiten von Abschreibungsgesellschaften, wirtschaftliche Katastrophen in besonders geförderten Bereichen wie Aluminium und Mineralölraffinerie. Die sogenannte Strukturpolitik (ein harmloseres Wort für Investitionslenkung) hat fast nur Reinfälle erlebt.

Der Ausdehnung des Staates, d. h. des bürokratisch gelenkten Teils der Gesellschaft, geht sowohl mit einem Abbau von Marktelementen innerhalb des Staates wie auch einer Bürokratisierung der Wirtschaft einher. Der Staat zentralisiert sich immer stärker. Elemente der Leistung, der Selbstverantwortung und Selbstverwaltung werden abgebaut. Den sichtbarsten Ausdruck findet die Entwicklung in der Gemeinde- und Gebietsreform. In Baden-Württemberg wurden 3379 Gemeinden zu 1091 zusammengelegt. In anderen Bundesländern ist es ähnlich. Ebenso werden die Kreise vermindert.

Noch ausgeprägter ist die innere Aushöhlung der Gemeindeselbstverwaltung. Immer mehr Kompetenzen werden auf Kreise, Zweckverbände oder das Land verlagert. Die einzig echte Kompetenz der Gemeinden ist die Bauplanung geblieben, und auch die soll auf Regionalverbände übergehen – Hessen wie immer voran.

Die Länder – ohnehin Gebilde von magerer politischer Substanz – haben einen Teil ihrer Aufgaben freiwillig auf den Bund übertragen (Gemeinschaftsaufgaben). Beim Stichwort »Länderneugliederung« denkt jedermann nur an die

Zusammenlegung von Bundesländern. Im Gutachten der Ernst-Kommission sind es nur noch fünf. Innerhalb der Länder werden selbständige Ämter zusammengelegt. Bayern halbierte die Zahl der Landratsämter. In Baden-Württemberg wurden aus 64 Vermessungsämtern 35, aus 59 Schulämtern 30, aus 17 Eichämtern 9.

Wer geglaubt hat, das Ganze habe etwas mit Rationalisierung zu tun, sieht sich getäuscht. Die Steuern und insbesondere die Gebühren steigen; Postämter werden geschlossen, und die Leistung geht schon deshalb zurück, weil die Wege zum Rathaus länger werden. Der arme Fremdling aber – aus Niddatal kommend – findet sich an einer Kreuzung wieder, an der es rechts nach Niddatal, links nach Niddatal und geradeaus auch nach Niddatal geht.

Die Verwaltungskosten der Großgemeinden steigen drastisch an. Die Ausgaben je Einwohner betrugen in Hessen 1965 rund 400 DM für Gemeinden unter 2000 Einwohnern, 500 DM bei 2000–5000 Einwohnern, 600 DM bei 5000–20 000 Einwohnern, 900 DM bei 20 000–100 000 Einwohnern und 1200 DM bei über 100 000 Einwohnern (aus: Die hessischen Gemeinden, Wiesbaden 1966). Die laufenden Ausgaben allein (ohne Investitionen) steigen von 150 DM bei unter 2 000 auf 700 DM in Gemeinden über 100 000 Einwohnern. Großgemeinden sind fast fünfmal so teuer wie kleine. Andere Untersuchungen zeigen entsprechende Ergebnisse (vgl. z. B. Statistisches Jahrbuch Deutscher Gemeinden, 1969 u. a.). Wirtschaftlich ist die Gebietsreform ein Fehlschlag, politisch bedeutet sie den Verlust an lebendiger Demokratie.

Dieselbe Zentralisierungstendenz trifft man in anderen staatlichen Bereichen ebenso: bei Bahn und Post, in der Form des Abbaus der Selbstverwaltung und damit der Politisierung öffentlicher Unternehmen, im Bildungswesen als Verstärkung des Einflusses der Ministerien auf Schulen und Hochschulen. Die wirtschaftlichen Ergebnisse sind überall gleich ungünstig.

Über die Bürokratisierung in der Wirtschaft sind zuverlässige Unterlagen nicht zu bekommen. Insgesamt hat die Gesetzeslawine die Kosten im privaten Bereich kaum weniger erhöht als im öffentlichen: Wo man mehr Richter braucht, braucht man mehr Rechtsanwälte; auf jeden Steuerbeamten kommt ein Steuerberater, auf jeden Ministerialbeamten ein Verbandsangestellter. Rechnet man all das zusammen, was im privaten Sektor mit der Ausführung, Klärung, Beeinflussung von Gesetzen beschäftigt ist (also die Rechtsanwälte, Steuerberater, Wirtschaftsprüfer, die Steuer- und Rechtsabteilungen der Unternehmen, die Verbände etc.), so dürfte man auf rund 8 Prozent der im privaten Bereich Tätigen kommen.

Von der gesamten Arbeitszeit in Wirtschaft und Staat sind nur noch 40 Prozent produktiv. Auf eine immer kleiner werdende produktive Zeit wird ein immer größerer Berg an Verwaltung gehäuft. Das ist die neue Ausbeutung.

Die Tendenz zur Zentralisierung und Bürokratisierung hat Ursachen, denen ein einzelnes Bundesland nicht entgegenwirken kann. Die erste und wichtigste Triebfeder bildet unsere Finanzverfassung. Gemeinden und Länder haben auf der einen Seite Aufgaben, auf der anderen Seite Steuerquellen. Aufgaben und Steuerquellen sind aber nicht aufeinander abgestimmt.

So saß in der winzigen Gemeinde Holthausen eine Erdölraffinerie. Sie zahlte so viel Gewerbesteuer, daß die Gemeindeväter trotz aller Mühe das Geld nicht unterbringen konnten. Die Beschäftigten der Raffinerie wohnen im benachbarten Lingen. Dort fallen die sozialen Kosten an. Im Ergebnis ist Holthausen reich und Lingen arm. Weder Gemeinde noch Land können das ändern. Sie können nur eins tun: Lingen und Holthausen zusammenlegen. So wird eine Gemeinde von ausgeglichener Finanzkraft geschaffen.

Die zweite Triebfeder liegt in der Gesetzgebung. Ein großer Teil aller gesetzlichen Aufgaben ist den Gemeinden zur Verwaltung übertragen. Eine Gemeinde von 2 000 Einwohnern kann aber nicht den Verwaltungsapparat unterhalten und die Spezialisten beschäftigen, die die immer kompliziertere Gesetzgebung erfordert. Auch daran ist auf der Ebene eines Bundeslandes nur wenig zu ändern. Die Gebietsreform und die Aushöhlung der Gemeindesubstanz wird zur Notwendigkeit.

Wenn man in den Gemeinden die Steuerquellen auf die Aufgaben abgestimmt hätte, so wäre der finanzielle Druck zur Gebietsreform verschwunden. Hätte man die Gemeindeverwaltungen nicht mit immer mehr und sachfremden Aufgaben belastet, so wären auch oder gerade Gemeinden mit 300 Einwohnern leistungsfähig geblieben. So aber zieht ein Fehler den andern nach sich.

## Von der öffentlichen Hand in den Mund: Staatsfinanzen

Das Problem der Staatsfinanzen lag in den fünfziger und sechziger Jahren meist darin, daß der Staat mehr Steuern erhob, als er brauchte. Die öffentliche Hand begann 1950 mit einer Nettoverschuldung (Forderungen und Schulden saldiert) von rund 6 Milliarden DM. Daraus wurde in den zwanzig Jahren bis Ende 1969 ein Geldvermögen von 68 Milliarden DM. In dieser Zeit hat der Staat also 74 Milliarden DM mehr Guthaben angesammelt, als er Schulden machte. Während die private Wirtschaft nur etwa ein Drittel ihrer Nettoinvestitionen aus eigenen Mitteln finanzierte, im übrigen Kredit aufnehmen mußte, hat der Staat seine Investitionen voll aus Eigenmitteln finanziert und darüber hinaus einen dicken Batzen übrig behalten.

Die angestrebte Erhöhung des Staatsanteils führte bald zum Haushaltsdefizit; ein Finanzdefizit wurde daraus erstmals 1974. Zuerst waren es nur 12 Milliarden (1974). Im Jahre 1975 betrug das Haushaltsdefizit 71 Milliarden DM, das Finanzierungsdefizit 63 Milliarden DM. 1976 kommt ein ähnlicher Betrag hinzu. Von dem gesamten Staatsdefizit ist ein Teil konjunkturbedingt, die Hälfte aber strukturell. Die öffentliche Hand hat ein Loch von über 30 Milliarden DM selbst bei Hochkonjunktur zu schließen. Dazu kommen weitere 10 Milliarden DM Zinsen aus der Neuverschuldung 1975 und 1976, zusammen über 40 Milliarden DM. Im Jahre 1966 scheiterte die Regierung Erhard schon an einem Zehntel dieses Defizits.

In den letzten Jahren wurden die Steuern teilweise offen

erhöht (insbesondere die Verbrauchersteuern auf Mineralöl, Tabak, Branntwein). Zum andern Teil stiegen die Steuersätze in der Lohn- und Einkommensteuer wegen der Steuerprogression bei inflatorisch aufgeblähten Einkommen (die Steuerreform hat den Lohnsteuerzahlern nur die Hälfte dessen zurückgegeben, was die Steuerprogression zuvor genommen hatte). Trotzdem blieb die sogenannte Steuerlastquote gleich. Das ist eine Erscheinung, die der Finanzwissenschaftler »Swift'sches Steuereinmaleins« nennt.

Je höher die Steuersätze ansteigen, umso größer ist der Anreiz für den Bürger, der Steuer auszuweichen, sie zu vermeiden oder gar zu hinterziehen. Wenn die Steuersätze steigen, dann sinken die Beträge, die der Besteuerung unterliegen. Es kommt zur Gefahr einer Kumulation: Die Steuersätze steigen, die Steuerbemessungsbeträge schwinden. Nun müssen auf die kleinere Basis noch höhere Sätze angewandt werden usf. Als in den fünfziger Jahren die Sektsteuer auf ein Drittel gesenkt wurde, stieg das Steueraufkommen auf das Dreifache.

Bei den allermeisten Steuern besteht heute die Gefahr, daß eine Erhöhung der Steuersätze zu einer Verminderung des Steueraufkommens führt – ganz abgesehen von großen volkswirtschaftlichen Schäden und Kosten durch Steuervermeidung und Fehllenkung von Produktivkräften. Ergiebig sind nur Erhöhungen von Lohnsteuer und Mehrwertsteuer.

Die Gewerkschaften würden keines von beiden hinnehmen. Was der Staat an Steuern auf der einen Seite kassiert, müßte er auf der anderen Seite in der Form höherer Löhne und Einkaufspreise wieder ausgeben. Die Staatsfinanzen insgesamt werden dabei nicht verbessert. Über die Steuern kann man den Staatshaushalt nicht sanieren.

Über Preise öffentlicher Unternehmen und Gebühren ist nichts zu holen. Die »staatlich administrierten« Preise sind in den letzten fünf Jahren um rund 60 Prozent gestiegen; die Industriegüterpreise nur um rund 30 Prozent. Auf vielen Gebieten sind die Preise überreizt; die öffentlichen Unternehmen verlieren Kunden (so bei vielen Post- und Bahnpreisen, beim öffentlichen Nahverkehr u. a.). Bei den Gebühren sind die Spielräume auch ausgeschöpft.

Bei den Ausgaben sieht es nicht anders aus. Der weitaus größte Ausgabenblock ist durch gesetzliche Verpflichtungen und Personalkosten festgelegt. Sparen kann man vor allem bei Sachkosten und Investitionen. Nur ist das besonders unsinnig. Eine Bundeswehr, die keine Waffen kauft, spart nur einen Teil der Kosten (alle Personalkosten bleiben), verliert ihren Wert aber völlig. Eine Bibliothek, die keine Bücher beschaffen kann, ist nach kurzer Zeit nutzlos.

So bleiben die Investitionen. Der Investitionsanteil an den öffentlichen Haushalten ist seit Jahren rückläufig; die realen Investitionen gehen sogar absolut zurück. Inzwischen werden bereits beschlossene Vorhaben unterlassen (verharmlost: sie werden »gestreckt«). Das ist umso bemerkenswerter, als die Verbreiterung des »öffentlichen Korridors« gerade mit der Notwendigkeit verstärkter Investitionen begründet wurde.

Eine Therapie setzt voraus, daß man die Ursachen der Finanzkrise aufdeckt. Sie liegen wiederum in der Bürokratisierung, also dem Abbau von Leistung, Selbstverwaltung, Selbstverantwortung. Aus der Fülle des Materials kann man nur wenige Beispiele nennen.

Früher mußten die Gemeinden ihre Ausgaben überwiegend aus eigenen Steuer- und Gebühreneinnahmen bestreiten. Sie mußten die Sätze selbst festlegen, und Zuschüsse des Landes wurden vorwiegend im schematisierter Form (sogenannte Schlüsselzuweisungen, berechnet nach Einwohnerzahl, Fläche u. a.) gegeben. Heute hängen die Gemeinden zum Großteil von Bund und Land ab, und die Zuweisungen werden meist für einzelne Projekte gegeben.

Das führt zu einem Wandel in der Finanzgebarung. Früher mußten Bürgermeister und Gemeindeparlamente nicht nur ihre Ausgaben, sondern auch die Opfer, die sie den Bürgern auferlegen, politisch verantworten. Heute dagegen muß der Ehrgeiz eines Bürgermeisters darauf gerichtet sein, möglichst viele Zuschüsse zu ergattern, also möglichst viel Geld auszugeben. Man kann dieses Verhalten in jedem Kommunalwahlkampf beobachten. Wenn es heißt, eine Partei oder Gemeindeverwaltung habe diese oder jene »Leistung« erbracht, dann sind immer Ausgaben gemeint. Niemals wird damit geworben, daß eine Gemeindeverwaltung den Bürgern Steuern erspart hat. Den Nutzen der Straßen, Kindergärten, Schwimmbäder haben die eigenen Bürger. Die Kosten dagegen tragen teilweise die Bürger ganz anderer Gemeinden. Die Opfer, die den Ausgaben gegenüberstehen, tauchen im politischen Kalkül der Gemeindeväter nicht auf. Das ganze System tendiert zur Verschwendung, und zwar gerade dann, wenn sich die Bürgermeister im Interesse ihrer Gemeinde verantwortungsbewußt verhalten.

Solche eingebauten Verschwendungsmechanismen gibt es noch mehr. Sie sind in der Finanzwissenschaft bekannt:

Die Länder beschließen Ausgaben, aber der Bund muß die Steuern erhöhen. Ausgaben werden beschlossen, ohne daß für Deckung gesorgt werden muß. Öffentliche Unternehmen und Sozialversicherungen decken ihre Kosten aus dem Steuertopf statt über Preise und Gebühren. Mit Steuerfinanzierung geht die Verantwortlichkeit verloren.

In all diesen Fällen haben wir politisch dasselbe Bild wie beim Bürgermeister. Der Ministerpräsident Meier wird gelobt, weil er Studienplätze schafft. Die Kosten tragen teilweise die Bewohner anderer Bundesländer. Der Abgeordnete Müller verschafft sich mit einem sozialen Förderungsgesetz politisches Renommee; die politische Verantwortung (in Form der Kosten) wird erst später erkannt und dann einem ganzen Bundestag zugerechnet. Die Ausgaben führen zu persönlichem Ansehen bei jedem Abgeordneten, die Einnahmen (Steuern) verantwortet ein großes Kollektiv.

Der Bundesbahnpräsident handelt sich mit jeder Rationalisierungsmaßnahme Ärger mit dem Betriebsrat und der Gewerkschaft ein; der Verkehrsminister braucht die Gewerkschaft noch als politische Hausmacht. Also ist es das Einfachste, die Defizite aus dem Steuersäckel zu finanzieren. Die Gehälter von Präsident und Minister leiden darunter nicht – sie steigen umso mehr, je stärker die Löhne erhöht werden.

Den Krankenhäusern wird nach Krankenhausfinanzierungsgesetz und Pflegesatzverordnung jedes Defizit ersetzt, wie hoch es immer sei – und die Krankenhäuser haben prompt bewiesen, wie leicht es fällt, Kosten zu machen (allein von

1973 auf 1974 stiegen die Kosten pro Bett in Berliner Krankenhäusern um 53 Prozent).

In all diesen Fällen sind nicht Bürgermeister und Abgeordnete, Minister, Präsidenten oder Chefärzte zu tadeln, sondern ein System, das die Verantwortung beseitigt, den politischen Ehrgeiz auf Verschwendung richtet. Wer politischen Ehrgeiz hat – und das erwartet man von Politikern –, der ist gezwungen, gegen das Allgemeininteresse zu handeln. Das politische System ist wie eine Ehe, in der die Frau Geld ausgibt, ohne auf das Einkommen des Mannes zu achten.

Die Folgen der Politisierung und damit der Fehlmotivation zeigt sich besonders bei den öffentlichen Unternehmen. (In andern Bereichen sind sie nicht kleiner, sie zeigen sich nur nicht.) Die öffentlichen Nahverkehrsbetriebe dürften insgesamt Defizite um 3 Milliarden DM »erwirtschaften«. Die Bundesbahn frißt mit 10 Milliarden DM Zuschußbedarf die Gewinnsteuer aller Unternehmen (Körperschaftsteuer) auf. Sie kann nicht einmal die Personalkosten aus eigenen Einnahmen decken. Die Post spricht wieder von Gewinn; bei näherem Hinsehen handelt es sich um Buchungstricks: Zuschreibungen zum Anlagevermögen, Übernahme von Zinsen durch den Bund, kostenlose Kapitalüberlassung durch den Bund. Die Bundesbank schließlich hat Rekordgewinne, muß aber Aufwertungsverluste aus früheren Jahren tilgen. Der staatliche Wald bringt 100 DM Verlust pro Hektar, der private 200 DM Gewinn.

Würden die großen öffentlichen Unternehmen ebenso wirtschaften wie ein durchschnittlicher Privatbetrieb, so müßten sie – gemessen an Kapital und Wertschöpfung – Überschüsse in Form von Steuern und Gewinnabführungen von 15 Milliarden DM haben – nicht aber einen Zuschußbedarf in gleicher Höhe.

Für die deutsche Eisenbahn sind die Zeiten immer schlechter geworden. Aber: die Schweizerische Bundesbahn deckt in betriebswirtschaftlicher Abrechnung ihre Kosten (1974); die amerikanischen Eisenbahnen zahlen insgesamt noch Steuern; in Japan beginnen Streiks oft bei den (privaten) Eisenbahnen – wegen ihrer gleichmäßig guten Ertragslage. Die deutsche Post macht Verluste, ist aber nicht nur eine der bedeutendsten Wachstumsindustrien, sondern verfügt überdies über die lukrativsten und am leichtesten rationalisierbaren Monopole – Telefon, Fernschreiber, Datenübertragung. Universitäten, Krankenhäuser, Kindertagesstätten u. a. würden sogar noch ein ungünstigeres Bild abgeben, verfügte man nur über Vergleichszahlen.

Eine nachhaltige Gesundung der Staatsfinanzen ist nötig. Sie ist nur dadurch zu erreichen, daß man Verantwortlichkeiten wiederherstellt, den Ehrgeiz auf effiziente Mittelverwendung richtet, die Selbstverwaltung wiederherstellt. Das Defizit ist schon im Konstruktionsplan des Staates angelegt.

## Die öffentliche Produktivitätskrise

Verantwortliche Politiker pflegen den Anstieg der Staatsausgaben damit zu erklären, daß die Staatsleistungen immer mehr ansteigen. Wenn der Bürger höhere Leistungen vom Staat verlange, dann müsse er auch höhere Kosten in Kauf nehmen. Zur Erläuterung wird auf hohe Summen verwiesen, die zusätzlich ins Gesundheitswesen, ins Bildungswesen, in Justiz und Polizei etc. gesteckt wurden. Doch handelt es sich dabei zunächst nur um Kosten. Ob den Kosten auch Leistungen gegenüberstehen, ist erst zu prüfen. Und ob der Bürger solche Leistungen wirklich verlangt, ist ebenfalls zweifelhaft.

Im ersten Vierteljahrhundert nach dem Kriege (1945-1970) wurden wahrscheinlich mehr Rathäuser, mehr Schulen, Universitäten, Straßen und selbst mehr Kirchen gebaut als in tausend Jahren vorher zusammen. Die Anlage des politischen Systems läßt allerdings vermuten, daß eher zuviele öffentliche Güter produziert werden: Sowohl der Ehrgeiz der meisten Politiker (mit Ausnahme der Finanzminister) ist auf Überproduktion öffentlicher Güter gerichtet als auch der der Verwaltung – je mehr Aufgaben, umso mehr Stellen, umso höher werden die Gehälter der Vorgesetzten.

Trotzdem wird ständig über Mangel an öffentlichen Gütern geklagt. Das erscheint paradox.

Indes werden öffentliche Güter normalerweise zum Nulltarif angeboten, dann ist die Nachfrage höher, als wenn die Leute kostendeckende Preise zu zahlen hätten. Würde der Staat die Automobilproduktion in eigene Regie nehmen und die Bevölkerung kostenlos mit Automobilen versorgen, dann käme es bei der heutigen Produktion zur allgemeinen Empfindung eines Mangels an Mercedeswagen. Es herrschte Armut auf dem Gebiet des öffentlichen Automobilbaues. Angesichts dieser Situation würde der Staat entweder die Produktion erhöhen, oder er würde staatliche Automobilzuteilungsämter – gewissermaßen den Numerus clausus für Automobile schaffen. Wir hätten vermutlich bei den Automobilen beide Übel: Sowohl Überproduktion als auch gleichzeitig allgemeines Empfinden eines Mangels an Automobilen. Wollte man die Mangelempfindung durch Mehrproduktion beheben, dann bedürfte es gewaltiger Summen. Es käme zu volkswirtschaftlicher Verschwendung. Begrenzt man die Ausgaben, so muß man in irgendeiner Weise Automobile zuteilen.

Genau das ist die gegenwärtige Situation im Bereich öffentlicher Güter – Überproduktion bei gleichzeitiger Mangelempfindung und Zuteilungsmaßnahmen wie dem Numerus clausus bei Studienplätzen.

Eine zweite Frage ist es, ob öffentliche Güter effizent produziert werden. Eines der brillantesten Bücher der vergangenen Jahre war Albert Hirschmanns »Abwanderung und Widerspruch«. In seiner Einleitung schildert er die Verkehrsverhältnisse in Nigeria. Nigeria hat hervorragende Voraussetzungen für den Eisenbahngütertransport: Lange Strecken, Massengüter, wenig Netzverzweigungen. Infolgedessen müßten sich die technischen Vorzüge der Eisenbahn gegenüber dem Lastwagen durchsetzen. Ein Güterzug mit drei Mann Besatzung kann soviel Ware befördern, wie 60 bis 80 Lkw. Trotzdem beobachtete Hirschmann, daß der Verkehr immer mehr von der Eisenbahn auf den Lastwagen überging. Seine Erklärung: Die Lastwagenunternehmen sind leistungsfähige, ehrgeizige, durchtrainierte Organisationen. Die Eisenbahn ist eine abgeschlaffte, träge Organisation.

Die Speditionsunternehmen werden durch den Mechanismus der »Abwanderung« fit gehalten. Wenn der Unternehmer Güter produziert, die in der Qualität nicht gut genug sind, wenn die Preise zu hoch sind, dann wandern die Kunden ab. Stellt der Unternehmer Arbeitsplätze bereit, die schlechter sind, als bei der Konkurrenz, dann wandern die Arbeitnehmer ab. Geht er zu hohe Risiken ein, so wandern die Kreditgeber ab. Der Unternehmer muß ständig die Organisation in Form halten, wenn er überleben will. Für die Eisenbahn gilt dieser Mechanismus nicht. Hier gibt es keinen Heilungsmechanismus, der die Gesundheit der Organisation erhält oder kranke Organisationen ausscheidet.

Über längere Zeiten hinweg ist das der entscheidende Faktor. Wenn in einem Bereich ständig verbessert, ständig gestrafft, ständig erneuert wird, während in einem anderen nichts dergleichen passiert, dann sind diese Kräfte wirksamer als technische Überlegenheit.

Nahezu im gesamten öffentlichen Bereich begünstigen die Strukturen das Abschlaffen der Organisationen. Es fehlen bereits einfache betriebswirtschaftliche Steuerungsinstumente. Nirgends finden sich systematische Effizienzkennzahlen für öffentliche Leistungen. Eine mittlere Gemeinde mit 50 000 Einwohnern gibt 100 Millionen DM im Jahr aus, hat aber weder Bilanz, noch Kosten- und Investitionsrechnung. Das staatliche Rechnungswesen ist immer noch eine reine Ausgabe/Einnahmerechnung, eine Entwicklungsstufe, über die die Unternehmen schon vor hundert Jahren hinausgewachsen sind.

Die Zahlen, die Politiker ihren Entscheidungen zugrundelegen, weisen oft genug in die Irre. Versucht man die kümmerlichen Effizienzzahlen zu einem Mosaik zusammenzustellen, so erhält man ein betrübliches Bild. Die Bundesbahn entschuldigt ihre Defizite damit, daß es sich um ein Dienstleistungsunternehmen handelt, das schwer zu rationalisieren sei. Aber auch die Konkurrenz – der Lkw – ist ein Dienstleistungsbetrieb und noch schwerer zu rationalisieren. Ausnahmsweise gibt es hier (durch die UIC) Produktivitätskennziffern. Die Produktivität pro Mitarbeiter (in 1000 Verkehrseinheiten für 1973) lag bei der Bundesbahn bei 293, der Schweizerischen Bundesbahn bei 379, der französischen SNCF bei 418 und den schwedischen Staatsbahnen bei 523. Wäre die Bundesbahn ebenso produktiv gewesen wie die Schweizerische Bundesbahn, dann hätte sie 113 000 Mitarbeiter weniger gebraucht.

Die Post begründet ihr schlechtes Ergebnis ähnlich wie die Bahn. Nicht Ineffektivität, sondern politische, d. h. nicht kostendeckende Preise sollen schuld sein. Die Union Postale Universelle hat einen Preisvergleich angestellt (Postdienst in 1000 Gold-Franc pro 1 Million Leistungseinheiten 1973): Bundespost 6582, Schweiz 3994, Niederlande 2806, Belgien 1892. Die Post ist in Deutschland um 60 Prozent teurer als in der Schweiz, um 136 Prozent teurer als in Holland und um 190 Prozent teurer als in Belgien! Die Leistung im Postdienst im Zeitvergleich sank von 1970 bis 1974 von 51 000 auf 48 000 Briefe pro Mitarbeiter, von 1200 auf 1000 Päckchen, von 1500 auf 1200 Pakete, zusammengefaßt von 54 000 auf 50 000 Leistungseinheiten. In allen anderen Bereichen (Gelddienst, Postscheckdienst, Telegrafendienst) mit Ausnahme des hochrationalisierbaren Fernsprechdienstes ist das Bild ähnlich. Das schweizer Telefon kostet weniger als die Hälfte des deutschen. Die Bundesrepublik Deutschland ist in Bezug auf die Fernsprechdichte – wegen der hohen Preise – ein Entwicklungsland.

Im Gesundheitswesen werden Kosten- und Leistungsdaten spärlich. Die Gesamtkosten des Gesundheitwesens werden oft mit rund 60 Milliarden DM angegeben. Dabei verwechselt man die Ausgaben der gesetzlichen Krankenkassen mit den Gesamtkosten. Zu den Ausgaben der gesetzlichen Krankenkassen hinzu kommen aber private Krankenkassen, Kosten, die privat getragen werden, Leistungen der Rentenversicherungen (Kur- und Rehabilitation), Leistungen der Arbeitgeber, unmittelbare Staatsfinanzierung. Der mit Abstand größte Kostenblock ist aber der Produktionsausfall wegen Krankheit. Insgesamt dürften die Kosten in der Nähe von 150 Milliarden DM (für 1975) gelegen haben, also näher an 20 Prozent als an 15 Prozent des Volkseinkommens.

Eine Parallelrechnung zum öffentlichen Dienst: Steigen die Kosten so weiter wie in den vergangenen fünf Jahren, dann frißt das Gesundheitswesen im Jahre 2025 das ganze Volkseinkommen. Nur die beiden Länder mit sozialisierter Medizin – Schweden und Großbritannien – haben höhere Krankheitskosten als die Bundesrepublik – insbesondere, wenn man den Produktionsausfall wegen Krankheit zu den Kosten zählt. Auf 10 000 Einwohner sind im Gesundheitswesen beschäftigt: in Schweden 1500 Personen, in England 700, in der Bundesrepublik 689, in Österreich 537, in Frankreich 495, in der Schweiz 470 und in Holland 438 (Zahlen aus dem Statistischen Jahrbuch 1975).

In den Leistungen liegt – gemessen an der mittleren Lebenserwartung – Holland vorn: 73,8 Jahre, gefolgt von Schweden (73,6), Frankreich (71,7), der Schweiz (71,4), England (71,3), der Bundesrepublik Deutschland (70,5) und Österreich (70,1). Mißt man die Gesundheitsleistung am Krankenstand, dann liegt die Bundesrepublik Deutschland vor Schweden auf dem vorletzten Platz. Bei einem kombinierten Gesundheitsindikator (international gelegentlich gebraucht: Lebenserwartung minus Krankheitstage), wird die Bundesrepublik Deutschland zum Schlußlicht. Holland wird hier Sieger: Es hat sowohl die niedrigsten Kosten als auch die höchsten Leistungen. Der Zeitvergleich ist ganz überraschend: Seit der Kostenexplosion im Gesundheitswesen – etwa 1970 – sinkt die Lebenserwartung bei den Männern wieder. Im Jahre der Währungsreform lag der Anteil der Gesundheitskosten am Volkseinkommen bei einem guten Drittel von heute, aber der Krankenstand hat sich seitdem mehr als verdoppelt, und die Lebenserwartung bei den Männern ist gesunken.

Genauere Untersuchungen dürften noch mehr Überraschungen bereit halten. So deuten Indizien darauf hin, daß bei den Privatversicherten nicht nur der Krankenstand ganz wesentlich geringer, sondern auch die Lebenserwartung höher als bei Kassenpatienten ist.

Das Gesundheitswesen nimmt in unserer Argumentation eine Zentralstellung ein: Es ist zu großen Teilen nicht öffentlich, sondern privat. Man hat aber insgesamt verfehlte Organisationsstrukturen geschaffen. Der Wille zur Gesundheit wird untergraben; das Einkommen der Ärzte hängt nicht von der Gesundheit ab, sondern von der Zahl der

Krankenscheine; mit dem Krankenhausfinanzierungsgesetz wurden alle Kostenbremsen beseitigt. Das Beispiel zeigt besonders deutlich, daß die Alternative »Privatisierung oder Verstaatlichung« falsch gestellt ist.

Am Beispiel der Sparkassen wurde gezeigt, daß der Staat sehr rationell arbeiten kann, am Beispiel des Gesundheitswesens soll gezeigt werden, daß bürokratische Strukturen auch durch Privatisierung nicht leistungsfähig werden. Allerdings ist der Bürokratisierungsgrad im Gesundheitswesen unterschiedlich – im staatlichen Bereich größer als im privaten. Auch hier sind die Ergebnisse eindeutig: Private Krankenhäuser haben fast durchweg niedrigere Pflegesätze (gelegentlich weniger als die Hälfte). In privaten Krankenhäusern betreut ein Arzt 19 Betten, in staatlichen 12, beim Pflegepersonal (einschließlich Auszubildende) lautet die Relation 15 zu 8, beim medizinisch-technischen Personal 45 zu 22, in der Verwaltung 21 zu 15 (ohne freigemeinnützige Häuser; sie liegen zwischen staatlichen und privaten). Ebenso rechnen staatliche Krankenhäuser den Kassen für dieselbe Leistung – z. B. eine Zystokopie – gelegentlich bis zum Dreifachen der Kosten ab, die ein privater Arzt bekommt. Die Rechtfertigung: Die Klinik müsse einen so teuren Kostenapparat unterhalten.

Im Bildungswesen gibt es sehr umfangreiche Statistiken – aber so gut wie keine Leistungsdaten. Für den Rückgang der Produktivität gibt es aber zahlreiche Indizien. Im Jahre 1955 betrug die Ausbildungsleistung an Universitäten 3 Absolventen pro Lehrkraft und Jahr. 1960 waren es noch 2,7, 1971 noch 1,5 und 1975 dürfte die Relation nur noch 1,2 betragen haben. Umgerechnet auf die Festbediensteten ist die Meßzahl gar von 2,0 auf 0,7 gefallen.

Der deutsche Arzt, Jurist oder Volkswirt schließt sein Studium zwei Jahre später ab als der Amerikaner oder Franzose. Die Studienzeiten stiegen in der Betriebswirtschaftslehre seit 1956 von sieben auf zwölf Semester. In anderen Fächern ist es nicht anders.

An den Schulen sieht es besser aus, aber die Tendenz ist dieselbe. Mit den Großschulen und Bildungskombinaten – besonders der integrierten Gesamtschule – stiegen die Kosten drastisch an.

Dabei ist die Bildungsreform gerade die Ursache der Krankheit, für deren Therapie sie sich ausgibt. Eine vergleichende Untersuchung zwischen der Freien Universität Berlin (einem Muster-Reformprojekt) und der Universität Erlangen-Nürnberg (einer »rückständigen« Universität) kommt zu dem Ergebnis, daß die Kosten in Berlin umgelegt auf die Studenten (ohne Mediziner) doppelt so hoch sind wie in Erlangen. Zu ähnlichen Ergebnissen käme man beim Vergleich von altmodischen Gymnasien und modernen Gesamtschulen.

Mit den Leistungen verhält es sich gerade umgekehrt. Das Diplom der Freien Universität zählt in der Praxis weniger als das von Erlangen. Beim zentralen Physikum in der Medizin zeigte es sich, daß die teuersten Universitäten die schlechtesten Leistungen brachten. In der Schweiz diskutiert man, ob das deutsche Abitur zur Hochschulzulassung ausreicht. International vergleichende Leistungstest – z. B. in Mathematik – zeigen einen beschämenden Rückstand unserer Schüler. Die Klassenfrequenzen liegen in den Grundschulen mit annähernd 40 Kindern viel zu hoch. Der Unterricht ist unregelmäßig; viele Stunden fallen aus. In den Berufsschulen sieht es damit noch düsterer aus.

In einem der höchstentwickelten Länder der Welt – der Bundesrepublik Deutschland – gibt es immer noch keine Ganztagsschule, keine Erwachsenenbildung (sieht man von der Volkshochschule einmal ab), fast keine Kindertagesstätten. Als Deutschland noch ein Entwicklungsland war, hatte sein Bildungswesen Weltruf; inzwischen sind wir in die Zweitklassigkeit abgerutscht. Heute gibt es nur noch einen Zweig des deutschen Bildungswesens, der in der Welt führend ist – die deutsche Handwerker- und Facharbeiterausbildung. In den USA wird die Verbindung von Schule und Praxis – unser duales System – als vorbildlich diskutiert.

Überall, wo man vergleichen kann, zeigt es sich, daß bürokratische Strukturen, wenn sie eine gewisse Größe überschreiten, teuer und leistungsunfähig werden. Auf dem Gebiet des Bildungswesens gibt es eine international vergleichende Studie der Weltbank. Sie weist aus, daß Länder, deren Bildungswesen starke Marktelemente enthalten, höhere Bildungsleistungen billiger erbringen. Marktrationalität bedeutet nicht, daß man die Bundesbahn privatisieren oder Universitäten in Aktiengesellschaften umwandeln muß. Es bedeutet aber, daß Entscheidungen dezentralisiert werden, daß die Initiative an die Basis verlagert wird, daß alle Beteiligten – vom Bundesbahnpräsidenten bis zu Ärzten, Patienten, Professoren, Lehrern, Studenten – richtig motiviert werden, daß Verantwortlichkeit wiederhergestellt wird.

Hätte der Staat anstelle des Gesundheits- und Bildungswesens die Automobilindustrie in eigene zentralverwaltete Regie genommen, dann müßten wir in den Zeitungen lesen, der Staat müsse die Steuern erhöhen, damit er seine Reformaufgaben auf dem Gebiet des Automobilbaus erfüllen kann. Wir hätten immer noch den Ford Eifel und den Mercedes 170 V. Die würden aber 50 000 DM kosten, weil niemand die staatliche Verwaltung zur Rationalisierung zwingt. Wir hätten Wartezeiten und eine Zentralstelle für Automobilvergabe. Eine »Ständige Konferenz der Wirtschaftsminister« würde die Reform der Produktionsverfahren beraten, Expertentagungen abhalten, Gutachten vergeben, Auto-Rahmenrichtlinien erlassen. Wer das für übertrieben hält, der betrachte die Automobilindustrie der DDR. Planwirtschaft zeigt überall dieselben Erscheinungen.

Das Wirtschaftswachstum der Jahre vor 1974 beruhte zum Teil auf einer Fiktion. Staatliche Leistungen gehen mit ihren Kosten in die Statistik ein. Wird ein Regierungsrat zum Oberregierungsrat befördert, so ist das statistisch »Wachstum«. Viele Regierungsräte sind zu Oberregierungsräten befördert worden. Allgemein: Die staatlichen Kosten sind gestiegen. Die Poduktivität ist zurückgegangen.

Beim Staat gibt es eine Produktionskrise. Es wäre keine Utopie, daß man bei sachgerechter Organisation mit der Hälfte unserer Steuersätze auskommen könnte. Wem das allzu abenteuerlich erscheint, der möge eine kleine Rechnung nachvollziehen: Zwei Länder starten auf genau demselben Ausgangsniveau und mit demselben Maß an öffentlicher Verwaltung. Das eine Land organisiert seine Verwaltung so, daß es einen bescheidenen Produktivitätsfortschritt von 3,6

Prozent pro Jahr erzielt. Das zweite organisiert die Verwaltung schlecht und hat einen Produktivitätsrückgang von 3,6 Prozent. Dann dauert es nur 10 Jahre, bis die Verwaltung des einen Landes doppelt so teuer ist wie die des anderen. Dabei ist die angenommene Produktivitätsfortschrittsrate von 3,6 Prozent keineswegs besonders hoch für den Dienstleistungsbereich. In den meisten Bereichen der Dienstleistungen wurde diese Fortschrittsrate in den letzten Jahren überschritten.

Wer die Ärzte Beutelschneider, die Professoren konservativ und die Beamten faul nennt, der hat von den Mechanismen, auf die es ankommt, gar nichts verstanden. Ärzte sind nicht geldgieriger, Professoren nicht konservativer als andere Leute auch. Bei den Beamten kann man noch eine weitere Aussage wagen: Das Unglück des Staates ist ein zu guter Beamtenapparat. Wäre er schlechter, dann könnten die Politiker die Gesetzesflut gar nicht erzeugen, die die Verwaltung immer noch bewältigt.

## Kontraproduktivität

Ivan Illich hat das Gesundheitswesen, das Bildungswesen, das Verkehrswesen untersucht. Sein Ergebnis: Es gibt einen Punkt, an dem zusätzlicher Aufwand zur Kontraproduktivität führt. Stärkere Verschulung macht Kinder lebensuntüchtig, größerer Verkehrsaufwand bringt Zeitverlust, übermäßige Ausdehnung des Gesundheitswesens macht krank. Die Thesen erregten Aufsehen und Unglauben trotz des umfangreichen Tatsachenmaterials, das Illich vorlegt. Dabei gehört der Grundgedanke zu den Selbstverständlichkeiten der Ökonomie (»Gesetz von der Abnahme des Grenznutzens«): Das erste Steak ist ein Genuß, das zweite trägt nur noch wenig zur Befriedigung bei, das dritte kann man nur noch mit Mühe essen und ein viertes wird zur Qual. Die Kosten der Steaks steigen proportional zur Menge, aber der Nutzen nimmt ab und wird schließlich negativ.

Gemessen an den Kostenindikatoren, hat der Staat – neben dem Bildungswesen – am meisten für die innere Sicherheit getan. Im Bereich von Justiz und Polizei wurden die Stellen weit stärker vermehrt als im engeren Bereich der Verwaltung.

Die Leistung einer Politik der inneren Sicherheit ist innere Sicherheit. Die Kriminalitätsziffer ist aber von 800 Tatverdächtigen je 100 000 Strafmündige im Jahre 1950 auf über 2000 gestiegen (ohne Verkehrsdelikte!).

Die Leistung eines Rechtssystems ist die Rechtssicherheit. Je größer die Rechtssicherheit, desto weniger muß prozessiert werden, weil die Rechtslage eindeutig ist. Die Zahl der Zivilprozesse steigt aber fast ebenso, wie die Kriminalität und die Dauer der Prozesse zunimmt.

Hier zeigt sich ein Fehler, der sich in anderen Bereichen wiederholt. Man hat einerseits ein immer komplizierteres, unübersichtlicheres Rechtssystem geschaffen, man hat andererseits Gesellschaftsstrukturen erzeugt, in denen – wegen stärkerer Ballung und gleichzeitig Vereinzelung des Menschen – die soziale Kontrolle verloren geht. Früher konnte man den Bürgern noch zumuten, die Gesetze zu kennen. Der Grundsatz »Unkenntnis schützt vor Strafe nicht« wurde vom Bundesgerichtshof schon vor zwanzig Jahren aufgegeben. Inzwischen kann man selbst denen, die die Gesetze verwalten – den Beamten –, ihre Kenntnis kaum mehr zumuten. Die Zahl der Streitigkeiten vor Verwaltungs- und Finanzgerichten ist ein Indikator dafür.

In der Regional- und Verkehrspolitik taucht dasselbe Problem wieder auf. Die Stadt Frankfurt hat jahrzehntelang eine Politik der Verdichtung betrieben. Jedes Hochhaus in der Innenstadt zieht zwei- bis dreitausend Autos pro Tag ins Zentrum. Die Stadt erstickt im Verkehr. Eine U-Bahn soll Erleichterung verschaffen. Das einzige aber, was von dieser U-Bahn sicher ist: Sie kann nur einen Bruchteil ihrer Kosten aus eigenen Erträgen decken. Hannover hat den entgegengesetzten Weg eingeschlagen – Hochhäuser wurden im Zentrum nicht zugelassen und der Verkehr um die Stadt geleitet. Die Aufgabe der Verkehrspolitik liegt zunächst nicht darin, den Verkehr zu bewältigen, sondern ihn erst gar nicht entstehen zu lassen. Frankfurt hat erst Verkehrserzeugung betrieben und wird nun mit der Verkehrsbewältigung nicht fertig.

Wenn ein Ballungsraum entsteht, dann steigt die Zahl der Verkehrstoten, steigen die Grundstückspreise, Baukosten und Mieten. Das ist eine Reaktion des Marktes auf Ballungen. Genau diese Selbstheilungskräfte wurden staatlich bekämpft. Weil man den Pendlern hohe Fahrpreise nicht zumuten wollte, wurden die Tarife subventioniert (bis zu 80 Prozent der Kosten!), weil die Straßen verstopft waren, wurden neue Straßen gebaut und die Parkplätze verbilligt. Da die Arbeitnehmer die hohen Mieten in Frankfurt nicht zahlen können, wird der soziale Wohnungsbau hier besonders gefördert. Am freien Markt wird die Marktreaktion durch Mietstopp unterbunden.

Würde sorgfältig nachgerechnet, was Bund und Länder für Ballungsgebiete wie Rhein-Main und Ruhr aufwenden, so käme man vermutlich auf ein Vielfaches des Betrages (pro Einwohner!), mit dem Entvölkerungsgebiete wie Eifel und Nordhessen gefördert werden. Per saldo unterstützen die armen Gebiete die reichen. Da aber – wegen des sozialen Wohnungsbaues und der Erschwerung von Mieterhöhungen – jeder Umzug zu weit höheren Mieten führt, wird der Arbeitnehmer ortsfest. Er zieht nicht in die Nähe seiner Arbeitsstätte. Die durchschnittliche Entfernung zwischen Wohn- und Arbeitsort steigt, und damit nehmen der Verkehr und die Pendlerzeit zu (unsere Sozialproduktstatistik registriert das dann als »Wachstum«). Der Städtebau mit der Trennung von Wohnen, Arbeiten und Einkaufen (»Athener Charta«) unterstützt die Tendenz. Der Kreis schließt sich: Regional- und Verkehrspolitik subventionieren zunächst die Ballung und bekämpfen dann die Entvölkerung mit weiteren Subventionen. Das Ergebnis ist Zeitverlust und Verstopfung auf der einen, kulturelle Verödung auf der andern Seite – Kontraproduktivität.

Auch die Entwicklung im Gesundheitswesen – sinkende Lebenserwartung bei explodierenden Kosten – hat bei näherer Untersuchung nichts Paradoxes. Illich hat die Mechanismen untersucht. Er kann zeigen, daß der Fortschritt im Gesundheitswesen auf wenigen, ganz einfachen Faktoren beruht: Hygiene, Trinkwasser, Impfung. Mit zunehmendem

Aufwand wird der zusätzliche Erfolg immer kleiner und schließlich negativ. Dieselbe Gesetzmäßigkeit kann Illich im Bildungswesen zeigen.

Die innere Ursache der Kontraproduktivität sieht Illich in der Erziehung zur Passivität. Der Mensch gestaltet seine freie Zeit nicht mehr; sie wird für ihn gestaltet. Er handelt nicht mehr; er wird behandelt. Er sorgt nicht mehr vor; er wird versorgt. Er bildet sich nicht mehr; er wird ausgebildet. Das Passivum heißt zu deutsch »Leideform«. Vielleicht leidet der Mensch auch bald nicht mehr – es wird ihm verleidet.

Heute erscheint die These, daß ein öffentliches Gut zum Übel wird, noch allzu extrem. Angesichts der Fakten würde es lohnen, sie zu prüfen. Die Verrücktheit von heute ist oft genug die akzeptierte Wahrheit von morgen – und umgekehrt. Man braucht nur die politischen Auseinandersetzungen im Wahlkampf 1972 in Erinnerung zu rufen: Öffentliche Armut war eine allgemeine Klage; die Politiker versprachen Wohnungsnot und Mangel an Krankenbetten zu lindern, die Abiturientenquote zu erhöhen. Progressive Schulen richteten Raucherzimmer ein. Heute stehen wir vor Hunderttausenden leerstehender Wohnungen, vor überflüssigen Krankenbetten, haben Mangel an Studienplätzen. Anstelle der öffentlichen Armut wird die öffentliche Verschwendung diskutiert. Dabei zeigten die Statistiken schon 1972, daß die Wohnungsversorgung sehr gut war, daß die Ausstattung mit Krankenbetten Weltspitze (nach Schweden) darstellte, daß die Abiturienten nicht untergebracht werden konnten und daß wir in der Ausstattung mit öffentlichen Gütern in der Welt ganz vorn lagen. Das Sein hatte sich schon geändert, das Bewußtsein war stehengeblieben.

## Die soziale Sicherung brennt durch

Seit der Erfindung des Marktes war der Sozialstaat der größte gesellschaftliche Fortschritt. Erst der Sozialstaat hat die Bevölkerungsexplosion gestoppt, hat damit Wohlstand möglich gemacht, Sicherheit und Freiheit geschaffen. Nicht der Sozialstaat gerät zum Schaden, sondern seine Bürokratisierung, der Abbau der Selbstverantwortlichkeit, der Leistungsmotivation, der Eigenintitiative. Heute bedroht er Wohlstand und Sicherheit.

Im gesamten Bereich der Sozialversicherung wurde ein verhängnisvoller Mechanismus geschaffen: Jeder, der spart, spart nicht für sich, sondern für alle andern. Wer verschwendet, tut es auf ander Leute Kosten. Wilfried Schreiber, der Vater der dynamischen Rente, hat das die »Ausbeutung der Versichertengemeinschaft durch die Versicherten« genannt.

In jedem Betrieb, jeder Behörde gibt es eine zunächst kleine Schicht von »Auskennern«, Leute, die sich die Wohltaten des sozialen Systems bewußt zunutze machen: Aus jedem Schnupfen wird eine Krankheit, alle zwei Jahre müssen sie zur Kur. Das weckt den berechtigten Ärger aller anderen. Warum, so fragen sie sich, sollen wir immer nur zahlen?

Eine Kostenexplosion wäre nur zu vermeiden, wenn alle Engel wären – sie sind aber Menschen. Die Kassen drücken nun die Honorarsätze der Ärzte, um zu sparen. Die Ärzte sind auch Menschen. Sie weichen in die große Zahl der Fälle aus. Dividiert man Krankenscheinleistungen durch Arztstunden, so bleiben dem Arzt für eine Leistung an einem Kassenpatienten drei Minuten. Der Privatpatient zahlt ein mehrfaches Honorar pro Einzelleistung; für ihn muß sich der Arzt mehr Zeit nehmen, wenn er ihn als Kunden nicht verlieren will.

Bei Arzneimitteln besteht weder beim Arzt noch beim Kunden ein Interesse an Sparsamkeit. Deshalb wäre es für die pharmazeutische Industrie unsinnig, mit dem Preis zu konkurrieren. Der Wettbewerb wird durch Werbung, Arztbesucher, Gratisproben ausgetragen. Die Bundesrepublik Deutschland hat die leistungsfähigste pharmazeutische Industrie der Welt – und die höchsten Arzneimittelpreise.

Die Entwicklung zeigt alle Merkmale, die Bürokratisierung auch sonst auszeichnet: Der Beseitigung der Leistungsmotivation (beim Patienten, beim Arzt, beim Krankenhaus) folgt der Versuch, die Motivation durch Kontrolle zu ersetzen, und löst damit beim Betroffenen das Bestreben aus, sich der Kontrolle zu entziehen. Das zwingt zur Verstärkung der Kontrolle – der Weg in die sozialisierte Medizin ist vorgezeichnet.

Die Kosten des Systems werden dem Kassenpatienten verschleiert. Dem Arbeitgeber ist es gleichgültig, ob er Arbeitgeberbeiträge zur Krankenversicherung oder entsprechend höhere Löhne zahlt, ob er 8 Prozent Stundenausfall wegen Krankheit und Arztbesuch einkalkulieren muß oder ob er 8 Prozent höhere Entgelte zahlt. Angenommen, die Kosten des Arbeitgebers würden auf den Lohn überwälzt, dann sähe die Rechnung für den Arbeitnehmer ungefähr so aus: 12 Prozent ist der Krankenkassenbeitrag, weitere 8 Prozent muß der Arbeitgeber für Mutterschutz, Krankenstand, Arztbesuche rechnen, 2 Prozent sind in den Beiträgen zu Rentenversicherung und Berufsgenossenschaft und 2 Prozent Gesundheitskosten sind in direkten und indirekten Steuern enthalten. So grob und ungenau die Rechnung ist – der Arbeitnehmer trägt zwischen 20 Prozent und 25 Prozent des Bruttolohns an Kosten für Gesundheit.

Beim selbständigen Privatversicherten liegt der Verdienstausfall wegen Krankheit vermutlich unter 2 Prozent, der Kassenbeitrag bei 5 Prozent und das, was er selbst zahlt, noch einmal bei 1 Prozent, zusammen allenfalls bei 10 Prozent seines Bruttoeinkommens. Warum eigentlich schafft man nicht lauter Privatpatienten? Sie zahlen zwar dem Arzt ein Mehrfaches des Preises, werden aber auch entsprechend sorgfältig behandelt; sie kosten – trotz des höheren Preises – weniger; sie sind selten krank und leben wahrscheinlich länger.

Bei jedem Abbau der Selbstbeteiligung stieg bisher der Krankenstand (Wegfall der Karenztage, Lohnfortzahlung). Personen, die in der Form von Verdienstausfall eine wesentliche Selbstbeteiligung tragen – wie Selbständige, aber auch Friseure und Kellner (Trinkgelder!), sind seltener krank. Im Gesundheitswesen hat der Staat eine gewaltige Maschinerie errichtet, die jeden dazu bringt, alle anderen auszubeuten.

Das eigentlich ernste Problem ist allerdings die Rentenversicherung. Die Zahl der Geburten sank von 1966 bis 1975 von 1,05 auf 0,6 Millionen. Die Fruchtbarkeitsziffer (Kinder pro 1000 Frauen im gebärfähigen Alter) von 125 auf 70. Die Bevölkerung reproduziert sich mit dem Faktor 0,6; d. h. innerhalb von 100 Jahren wird sie von 60 auf 20 Millionen absinken.

Schon bis zum Jahre 2000 wird die Bevölkerung um rund 2 Millionen sinken. Selbst wenn der Rückgang der Geburten in den nächsten Jahren aufgehalten wird, müssen die Rentenversicherungsbeiträge im Jahre 2030 zwischen 32 und 38 Prozent liegen. Das ist nicht der ungünstigste Fall, sondern die beste mittlere Schätzung.

Die Aufgabe der Staatsführung besteht nicht darin, optimistisch in die Zukunft zu blicken. Sie muß den schlimmsten Fall vor Augen haben. Der sähe so aus: Die Fruchtbarkeitsziffer fällt in der bisherigen Geschwindigkeit von 70 auf 40 im Jahre 1985 und auf 25 im Jahre 1995. Dann wird es im Jahre 1985 für diejenigen, die dann ins Berufsleben eintreten, zweifelhaft, ob ihre Renten überhaupt noch bezahlt werden können. Sie müssen befürchten, daß ihre eigenen Kinder – angesichts immenser Lasten und entsprechend geringer Reallöhne – auswandern. Der Generationenvertrag, auf dem unsere Rentenversicherung beruht, wird von der jungen Generation durch Auswanderung gekündigt.

Im 19. Jahrhundert war die Großfamilie das System der sozialen Sicherung. Wohlhabende wurden reich, Arme wurden kinderreich. Mit der Sozialversicherung wurde nicht nur der Armutszirkel durchbrochen, es wurden auch die Familie und das Vermögen ihrer Funktion beraubt. Die Kinder wurden gewissermaßen vergesellschaftet. Dienten sie früher der eigenen Sicherung, so dienen sie heute der Sicherung anderer. Finanziell gesehen, sind sie für die eigene Familie nur noch eine Belastung. Das schlägt sich im Geburtenrückgang nieder. Hat eine Familie Kinder, so ist weitere Berufstätigkeit der Frau nahezu ausgeschlossen. Sie findet weder Kinderhorte, noch Kindertagesstätten oder Ganztagsschulen. Wenn die Frau überhaupt Entfaltungschancen haben will, dann muß sie auf Kinder verzichten.

Die Alten werden gesellschaftlich überflüssig. Die gesetzliche Rente sichert ihnen den Lebensabend, nicht aber ihre Funktion in der Gesellschaft. Die heutige Hauptaufgabe der

Frau – das Kinderhüten – war in der bäuerlichen und handwerklichen Großfamilie Aufgabe der älteren Generation. Aus dem Wirtschaftsleben und den Aufgaben in der Familie ausgeschieden, bleibt den Alten als Lebensinhalt das Warten auf den Tod. Ihre Verbindung zur jungen Generation ist auf Gefühle beschränkt. Das Altersheim ist als allgemeine Lösung unmenschlich – ein Ghetto für Überflüssige.

Hinzu kommt, daß die soziale Sicherung nicht nur die Familie, sondern auch das Vermögen funktionslos macht. Man kann durch statistische Analyse zeigen, daß der große Unterschied in der Ersparnis zwischen Selbständigen und Unselbständigen allein damit erklärt werden kann, daß der Selbständige gezwungen ist, zur Alterssicherung Vermögen zu bilden. Damit aber ist die ältere Generation gegenüber der jüngeren in einer ganz andern Position. Der Selbständige im Ruhestand ist immer noch Geschäftsinhaber oder hat doch Vermögen: Er hat seinen Kindern immer noch etwas zu geben. Er hat aber in den meisten Fällen auch noch ein eigenes Interesse an Kindern – sie führen den Hof, die Praxis oder das Geschäft fort.

So hat beim Selbständigen sowohl Familie als auch Vermögen ihre Funktion zu größeren Teilen erhalten. In der Statistik schlägt sich das deutlich nieder. Selbständige haben mehr Vermögen und mehr Kinder, sie wohnen im Alter häufiger mit ihren Kindern zusammen und sie sind meist bis ins hohe Alter noch tätig, wenn auch nur noch mit halber Kraft.

Der Rückgang der Geburten erweist sich bei der Altersvorsorge als dieselbe »Ausbeutung der Versichertengemeinschaft durch die Versicherten« wie der Krankenstand in der Krankenversicherung.

In Uruguay setzte Präsident José Battle y Ordónêz im Jahre 1911 eine beispielhafte soziale Reform durch. Sie wurde 1917 und 1934 weiter ausgebaut. Mit der erneuten Sozialreform von 1951 wurde Uruguay ein führender Sozialstaat – nun aber mit denselben leistungshemmenden und bürokratischen Mechanismen wie jetzt bei uns. Heute ist Uruguay ein absterbendes Land. In Montevideo bröckeln die Häuser, und die Straßen werden nicht mehr repariert. Die aktive Jugend sucht ihre Zukunft im Ausland.

## Vom Wohlfahrtsstaat zum Gefälligkeitsstaat

Moderne Psychologen sagen, der Mensch habe das Bedürfnis, etwas zu leisten. Leistung verschafft Befriedigung. Man muß den Menschen nur motivieren. McGregor geht noch weiter: Der Mensch braucht nicht motiviert zu werden; er ist motiviert. Wir aber zerstören heute die Motivation, richten den Ehrgeiz auf falsche Ziele.

Der Professor ist heute nicht motiviert, seine Studenten anständig auszubilden. Ein Professor, der Ruhm und Ehre will, muß wissenschaftliche Aufsätze schreiben; ein Professor, der gut verdienen will, muß Gutachten anfertigen, Privatpatienten behandeln oder Bauaufträge übernehmen. Der Arzt ist nicht dazu motiviert, möglichst viele Gesunde unter seinen Patienten zu haben. Sein Interesse liegt an möglichst vielen Kranken oder, genauer gesagt, an möglichst vielen Krankenscheinen. Der Patient ist nicht daran interessiert, gesund zu sein, wenn eine vierwöchige »Grippe« rentabel wird. Krankenhäuser sind nicht daran interessiert, sparsam und effizient zu wirtschaften, wenn ihre Defizite ersetzt werden, wie hoch sie immer sind. Gemeinden sind nicht an sparsamer Mittelverwendung, sondern an hohen Zuschüssen interessiert.

Motivation mit Geld ist nicht die einzige Form: An der Zwergschule fühlte sich der Lehrer dafür verantwortlich, was seine Schüler leisteten. Inzwischen wurden Schulen mit Schülerzahlen geschaffen, die an kleine Universitäten heranreichen. Wir haben schöne Physiksäle gebaut und unmotivierte Physiklehrer geschaffen. An diesen Riesenschulen ist kein Lehrer mehr für irgend etwas verantwortlich. Die Beziehungen zwischen Klassen und Klassenlehrer und damit die Verantwortlichkeit des Lehrers für die Leistungen seiner Schüler wurden zerrissen. – Man hatte sich überall daran gewöhnt, daß niemand mehr Baudezernent werden kann ohne das richtige Parteibuch. In den fünfziger Jahren konnte man noch ohne Parteibuch Oberbürgermeister werden. Politisch engagierte Leute können durchaus tüchtig sein. Aber der Ehrgeiz unseres Baudezernenten kann sich heute nicht mehr darauf richten, sein Dezernat gut zu verwalten. Er muß sich Rückhalt in der Partei schaffen. Wer Rektor einer Schule werden will, darf seinen Ehrgeiz nicht mehr in hohe Unterrichtsleistungen setzen; er muß sich politisch engagieren.

Die Zerstörung der Motivation schafft erst den Leistungsdruck: An die Stelle von Motivation tritt Kontrolle. Die Bildungsreform trat an, um den Leistungsdruck an den Schulen zu beseitigen. Man erzeugte ein System, das nicht mehr zu finanzieren war, und muß deshalb die Studienplätze bürokratisch zuteilen. Das erzeugt wiederum einen nahezu unerträglichen Leistungsdruck bis in die Grundschulen hinein. Und da Leistung unter Druck nicht gedeiht, nimmt sie ab. Die Schule macht unsere Kinder krank. Die Leistung wurde vermindert, aber der Druck verstärkt. Für die Managementlehre ist das eine Selbstverständlichkeit: Leistung wird dort erzielt, wo Freude an der Arbeit herrscht. Druck ist leistungsfeindlich.

Mit der bürokratischen Zuteilung von Einkommen und Lebenschancen wird die Leistung auch als Verteilungsprinzip außer Kraft gesetzt. Wenn der Lehrer, der Professor, der Arzt, der Baudezernent falsch motiviert sind, so heißt das, daß sie geringe Einkommen haben, wenn sie ihre eigentlichen gesellschaftlichen Aufgaben erfüllen; daß sie zu höheren Einkommen nur dadurch kommen können, daß sie ihre Aufgabe vernachlässigen. Wenn mancher Kranke sich besser steht als der Gesunde, wenn es möglich wird, die Gesamtheit auszubeuten – sei es über die Arbeitslosenversicherung, die Umschulung, das Krankschreiben, die Kur –, wenn man also Verhältnisse schafft, in denen diejenigen, die ehrlich arbeiten, schlechter stehen als Sozialspekulanten, dann schafft man nicht nur Ineffizienz, sondern auch Neid und Verdrossenheit. Man zerstört das Gefühl, daß ehrliche Arbeit anständig entlohnt wird; man erzeugt das Gefühl, daß Cleverness und Drückebergerei den wahren Lebenskünstler auszeichnen. Wenn ganze Wohngruppen von jungen Leuten fröhlich und ohne Arbeit von Sozialhilfe besser leben als ein Arbeiter mit zwei Kindern, dann sind die Verteilungsprinzipien in Unordnung.

Der Wohlfahrtsstaat entartet zum Gefälligkeitsstaat. Das Problem von heute liegt nicht darin, daß die Leistungsmotivation zerstört wird, weil die Einkommen nivelliert werden, sondern darin, daß man die Leistungsmotivation zerstört und die Wohlstandsdifferenzen dabei vergrößert. Ungleiche Leistungseinkommen wären sozial noch erträglich. Ungleichheit durch parasitäre Einkommen wird unerträglich.

Zudem betreibt der Staat Umverteilung in ganz undurchsichtiger Form. Jedes Gesetz braucht eine »soziale Komponente«. Umverteilt wird über Preise, Steuern, Subventionen, Nulltarife, öffentliche Investitionen. Diese Verteilungspolitik ist zunächst sehr teuer. Vor Jahren wurde ausgerechnet, daß die Subventionierung der Landwirtschaft über Preise und andere Instrumente die Allgemeinheit 1200 DM pro Hektar landwirtschaftliche Nutzfläche kostet, daß aber beim Bauern weniger als 300 DM ankommen. Ähnlich ist es beim Kohlebergbau. Die Differenz zwischen Kosten und Verteilungswirkung ist Verschwendung. Man mag im Falle von Kohle und Nahrung diese Politik noch mit der Versorgungssicherheit rechtfertigen. Im Bildungswesen, bei Museen, Theatern, Wohnungen, Verkehrstarifen u. a. gilt das nicht mehr.

Schlimmer noch ist, daß die Verteilung auf diese Weise unkontrollierbar und damit ungerecht wird. »Keiner weiß mehr, wer seine Hand in wessen Tasche hat« (Zeitel). Das gesamte höhere Bildungssystem ist ein System der Umverteilung zu Lasten der Armen und zugunsten der Wohlhabenderen. Dasselbe gilt für Museen, Galerien, Theater. Die Verteilungsergebnisse des sozialen Wohnungsbaus sind erschreckend unsozial. Die armen Gebiete der Bundesrepublik Deutschland müssen die reichen unterstützen. Die Aktiengesellschaft wird gewaltig besteuert, ganz gleich, ob ihre Anteile bei kleinen Leuten oder bei reichen Industriemagnaten liegen.

Die einfachste und natürlichste Verteilungsidee ist es, den Reichen Geld zu nehmen und den Ärmeren Geld zu geben. Das ist darüber hinaus nicht nur viel billiger, sondern auch gerechter und kontrollierbar. Wir leiden heute darunter, daß die Umverteilungsmaschinerie viel zu teuer ist und daß auf einen Bedürftigen zwei Nichtbedürftige gefördert werden. Milton Friedman hat ausgerechnet, daß das amerikanische »Programm gegen die Armut« soviel kostet, daß die Armut verschwunden wäre, würde man nur das Geld unmittelbar an die Bedürftigen auszahlen. Für die Bundesrepublik Deutschland wäre das Ergebnis ähnlich.

So sind wir heute in einer Gefahr, die schon Lorenz vom Stein gesehen hat: Der Sozialstaat zerstört den Markt und mit ihm den Wohlstand. Die Bürokratisierung der Lebenschancen schafft gerade das Unbehagen, das sie zu bekämpfen vorgibt, erzeugt Verteilungskämpfe, die den Wohlstand mindern.

## Entfremdung

Wenn man staatliche Leistungen nach dem Gießkannenprinzip über Gerechte und Ungerechte ausschüttet, wenn man diejenigen, die die Gemeinschaft ausbeuten, auch noch belohnt, dann züchtet man nicht nur ein System geringer Leistungen und hoher Kosten, sondern auch politische Entfremdung des Menschen. Der Bürger bekommt das Gefühl, der Staat sei eine Kuh, die im Himmel gefüttert und auf Erden gemolken wird. Die politische Entfremdung bringt soziale Krankheitsbilder hervor wie den Marxismus.

Damit kommt es aber auch zur Irrationalität politischer Entscheidungsprozesse, die sich an den jeweiligen Moden, nicht aber an Zahlen, Fakten, Erfahrungen orientiert. Ganz gleichgültig, was man über die Reform des Gesundheitswesens, die Gebietsreform oder die Mitbestimmung denkt: Der politische Prozeß, in dem diese Fragen behandelt werden, ist ein irrationaler Prozeß. So wie man es bei der Gebietsreform nicht für nötig gehalten hat, die Fakten und Erfahrungen zu sammeln, genau wie man bei der Reform des Gesundheitswesens die Augen vor den Tatsachen verschließt, so hat man es auch in der Mitbestimmungsdebatte vermieden, die Erfahrungen systematisch auszuwerten.

Ihren sichtbarsten Niederschlag findet die politische Entfremdung in der Verkürzung der Entscheidungshorizonte. Nach George Foreman unterscheidet sich der Politiker vom Staatsmann dadurch, daß der Politiker an die nächste Wahl, der Staatsmann an die nächste Generation denkt. Nahr hat dieses Zitat aufgegriffen. Heute, so meint er, sei es anders: Der Staatsmann denkt an die nächste Wahl und der Politiker an die letzte Versammlung. Meadows kommt im Schlußwort der »Grenzen des Wachstums« zu der pessimistischen Schlußfolgerung, daß wir unsere Probleme nicht lösen können, weil Politiker nicht über die nächste Wahl hinaus denken. Richard von Weizäcker kommentiert die Feststellung damit, daß das das Todesurteil für die Demokratie als Staatsform wäre, wenn es zuträfe.

Die Marxisten behaupten, man müsse mehr Kompetenzen auf den Staat übertragen, weil er die längeren Entscheidungshorizonte habe. Der Staat hatte einen langen Entscheidungshorizont, solange die Monarchie Staatsform war. Der König mußte nicht nur bis zu seinem Tode regieren; er mußte außerdem das Land an seinen Sohn vererben. Wer mit der Begründung, der Staat habe die längeren Entscheidungshorizonte, die Übernahme privater Tätigkeiten auf den Staat fordert, der müßte konsequenterweise gleich die erbliche Monarchie fordern. Private Eigentümer haben lange Entscheidungshorizonte. Im Aktienkurs von heute schlagen sich Gewinne nieder, die erst in fünfzig Jahren erwartet werden. Die Ölscheichs verhalten sich ebenfalls als Eigentümer. Wenn sie glauben, daß sich das Öl unter dem Boden besser verzinst als die Guthaben bei Schweizer Banken, dann drosseln sie die Förderung.

Das extrem entgegengesetzte Beispiel gibt der öffentliche Nahverkehr ab. Als die ersten Fahrgäste von den Straßenbahnen abwanderten, haben die Bahnen die Zugfolge verdünnt. Daraufhin wanderten noch mehr ab. Jetzt erhöhte man die Fahrpreise mit der Folge, daß weitere Fahrgäste abwanderten. Nun stellte man den Nachtverkehr ein. Viele Leute, die auch nachts in die Stadt wollten, mußten sich jetzt ein Auto kaufen. Die Abwanderung ging beschleunigt weiter. Auf die private Wirtschaft übertragen: Ein Seifenfabrikant stellt fest, daß seine Seife weniger gekauft wird.

Er macht die Seife etwas kleiner. Nun werden natürlich noch weniger Leute die Seife kaufen. Er reagiert mit Qualitätsverminderung, damit die Produktionskosten sinken. Weitere Leute wandern ab. Jedermann wird diesem Unternehmer die sichere Pleite voraussagen. Genau dieses Verhalten haben die öffentlichen Nahverkehrsbetriebe über Jahrzehnte an den Tag gelegt.

Die richtige Reaktion auf die Abwanderung von Fahrgästen wäre Verdichtung der Zugfolge, bessere Ausstattung der Straßenbahnwagen, Verdichtung des Netzes gewesen. Die öffentlichen Nahverkehrsbetriebe haben daran gelitten, daß Leute an den Spitzen solcher Unternehmen sitzen, die in Kategorien des jährlichen Budgetausgleichs, nicht aber in Kategorien der Investition in die Zukunft denken. Die Misere liegt in zu kurzen Entscheidungshorizonten.

Nicht die bürokratische Organisation, sondern ihr Übermaß ist die gemeinsame Wurzel der Erscheinungen. Bürokratisierung läßt das Leistungsprinzip entarten, muß Leistungsmotivation durch Leistungsdruck ersetzen. Das zerstört die Arbeitsfreude und das Wirtschaftswachstum. Bürokratische Zuteilung von Einkommen und Lebenschancen untergräbt das Vertrauen in eigenen Fleiß und eigene Tüchtigkeit, richtet die Energien auf den Verteilungskampf. Zunahme der Bürokratie heißt Zunahme sozialer Komplexität. Die Welt wird undurchschaubar.

Damit wird die politische Entfremdung des Menschen erzeugt und so auch Krankheitserscheinungen wie Radikalismus und Gefälligkeitsdemokratie. Kein demokratischer Politiker kann sich einen längeren Entscheidungshorizont leisten als den, den die Wähler bereit sind zu honorieren. Aber angesichts übergroßer Komplexität kann der Wähler gar nicht anders, als die Politik nach ihren Augenblicksergebnissen zu beurteilen. Ihm ist die Sicht versperrt.

Die größte Gefahr aber liegt darin, daß bürokratische Organisationen aus sich heraus keine Reformkräfte entwickeln und daß ihre Reform von außen mehr und mehr an der übergroßen Komplexität scheitert. Die Gesellschaft erstarrt, wird unfähig, auf neue Herausforderungen zu reagieren.

# Schluß:
# Utopie, Prophetie und das Machbare

Wenn einmal die Ansammlung von Reichtum ihre soziale Bedeutung verliert, wird es im Kodex der Moral große Änderungen geben. Wir werden uns von pseudomoralischen Grundsätzen befreien können, die uns zweihundert Jahre lang beherrschten, Grundsätze, die einige der unangenehmsten menschlichen Eigenschaften zur höchsten Tugend machten. Wir werden es uns leisten können, das Geldmotiv nach seinem wahren Wert einzuschätzen. Doch Vorsicht! Die Zeit dafür ist noch nicht gekommen. Mindestens weitere hundert Jahre werden wir uns vormachen müssen, daß das Gute schlecht und das Schlechte gut ist — denn das Schlechte ist möglich und das Gute nicht. Geiz und Wucher und Vorsorge müssen noch für eine Weile unsere Götter bleiben. Nur sie können uns aus dem Dunkel der wirtschaftlichen Notwendigkeit ans Licht führen.

John Maynard Keynes

# Ende oder Wende?

Utopien sind hilfreich, aber auch gefährlich. Sie können einerseits ein Ziel zeigen, auf das es sich lohnt zuzugehen, sie können andererseits zum Heilsbild werden, das einen Kinderkreuzzug ins Verderben führt. Meist sind sie das zweite.

Die berühmten Utopien der Literatur hatten keine Realisierungschance. Die Utopisten bauen auf den Edelmut der Herrschenden, die Weisheit der Philosophen, die Uneigennützigkeit der Menschen. Platos idealer Staat, Campanellas Sonnenstaat und Morus' Utopia würden in der Realität ebenso zu Alpträumen wie es Marx' kommunistische Gesellschaft tatsächlich geworden ist.

Die Faszination einer Utopie liegt in der Spannung zwischen moralischem Anspruch und gesellschaftlicher Notwendigkeit. Die Utopisten lösen das Problem kurzerhand dadurch, daß sie sich den Menschen so malen, wie sie ihn brauchen. Der Titel von Erhard Epplers jüngstem Buch wurde nicht unabsichtlich zur Überschrift dieses Kapitels. Prognosen der gesellschaftlichen Entwicklung sind unmöglich. Die Entwicklung hängt vom technischen und organisatorischen Fortschritt ab.

Man kann nur Gesetzmäßigkeiten und Tendenzen zeigen. So scheint es vom derzeitigen Stand des organisatorischen Wissens als notwendig, daß die Weimarer Republik und die IV. Republik in Frankreich früher oder später zusammenbrechen mußten. Aber weder der Zeitpunkt war prognostizierbar noch daß Deutschland das Unglück eines Hitler, Frankreich das Glück eines de Gaulle haben würde.

Eine wissenschaftliche Zeitschrift berichtete kürzlich über ein bemerkenswertes Experiment. Studenten sollten politische Entscheidungen fällen für eine einfache Gesellschaft, deren organisatorische Gesetzmäßigkeiten in Form von Regelkreisen in einem Rechner gespeichert waren. Die fiktive Computergesellschaft wurde von allen Spielgruppen ruiniert – von den einen schneller, von den anderen langsamer. Mit allem Vorbehalt kann daraus eine Folgerung gezogen werden: Hat die gesellschaftliche Organisation einen gewissen Grad an Komplexität, dann wird ihre weitere Entwicklung zufällig – einfach deshalb weil die Führer die Folgen ihrer Entscheidungen nicht mehr durchschauen.

Die Zunahme des Wohlstands und der Lebensqualität beruht im wesentlichen auf drei Fraktoren: auf Kapitalakkumulation, technischem und organisatorischem Fortschritt. Von diesen Faktoren her gibt es keinen Zwang zur Stagnation. Die Furcht vor Wachstums- und Beschäftigungskrisen hat in den ökonomischen Grunddaten keine Basis.

Die Kapitalakkumulation (dazu gehört auch die Bildung) geht weiter.

Der technische Fortschritt ist nach seinem Ausmaß, wenn auch nicht nach Richtung und Ergebnissen im einzelnen, kalkulierbar.

Der organisatorische Fortschritt ist überall dort groß, wo ihn die Umstände begünstigen – bei den Unternehmen. Der eigentlich kritische Faktor ist die gesellschaftliche Organisation. Wenn eine Wachstumskrise droht, so deshalb, weil technischer Fortschritt von organisatorischem Rückschritt kompensiert wird.

So gibt es zwar Grenzen der Rindfleischproduktion, des Erdölverbrauchs und der Umweltbelastung. Es gibt aber keine Grenzen des Wachstums. Das Wachstum nimmt andere Formen an. In den frühen fünfziger Jahren waren die Wachstumsindustrien Textil, Bekleidung, Leder, Motorräder. Sie wurden abgelöst von Stahl, Automobil, Chemie und Kunststoffverarbeitung. Es folgte als Spitzenreiter Elektronik, Datenverarbeitung und Bücher. Heute gelten als »Wachstumsindustrien« Tourismus, Kongresswesen, Sportartikel, Umweltschutz und Bildung. Wären unsere Universitäten Aktiengesellschaften – sie hätten traumhafte Aktienkurse.

Diese kurze Aufzählung zeigt zumindest eine Tendenz an.

Bei den traditionellen Konsumgütern tritt eine Sättigung ein. Die Verschönerung der Umwelt wird eine Form des Wachstums sein. Die Wachstumsform, die darauf folgt, zeichnet sich ebenfalls schon ab: eine totale Veränderung der Umstände und Bedingungen menschlicher Arbeit und Zusammenarbeit.

Diese Form des Wachstums wird weder von Kapitalakkumulation noch von technischem Fortschritt abhängig sein. Sie beruht auf organisatorischem Fortschritt allein. Das bedeutet: Sie setzt Reformen voraus. Aber Reformen, die nicht Geld kosten, sondern Geld bringen.

## Zukunft 1: Arbeit als Hobby oder der spielende Mensch

Im Gegensatz zu Handwerkern oder Bauern sind Arbeiter in das starre Korsett eines von Maschinen vorgegebenen Arbeitstempos gezwängt. Was den Bauernhof vom Fabrikbetrieb unterscheidet, ist die zentrale Regelung der Arbeitszeit. Arbeitsteilung in der Fabrik setzt voraus, daß die Arbeitskräfte gleichzeitig anwesend sind. Erst im Fabriksystem kommt es zur Trennung von Arbeitszeit und Freizeit. Das Fabriksystem hat die Arbeitszeit von den Naturbedingungen gelöst, es mußte sie gegen den Markt abschirmen.

Was ursprünglich als unmenschlicher Zwang gegolten hat, macht heute gerade die Attraktion der Fabrik aus: geregelte Arbeitszeit. Wenn kleine Betriebe, Bauern, Haushalte, Einzelhändler Schwierigkeiten haben, Arbeitskräfte zu bekommen, so meist deshalb, weil sie keine »geregelte« Arbeitszeit haben. Das Fabriksystem hat die kalkulierbare Freizeit auf Kosten einer zeitlich streng festgelegten Arbeitsnotwendigkeit gebracht. Nicht der Schornstein, der Wecker ist das typische Merkmal des Industriezeitalters.

Die Arbeitszeitverkürzung mag sich noch eine Weile fortsetzen. Indessen machen wir heute schon die Beobachtung, daß die tarifliche mehr als die tatsächliche Arbeitszeit zurückgeht. Aber gleichzeitig vergrößert sich der Anteil der Überstunden an der Gesamtarbeitszeit. Der Hobby-Werker und der Schwarzarbeiter leisten ebenso Arbeit wie derjenige, der sich in seinem Beruf fortbildet. Der Unterschied zwischen »regulärer« und Schwarzarbeit, Hobby-Arbeit und Überstunden liegt allerdings darin, daß der Arbeitende Ausmaß und Zeit der Tätigkeit weitgehend frei wählt. Die Arbeitszeitverkürzung wird durch etwas qualitativ anderes – die freie Wahl der Arbeitszeit – ersetzt.

Dafür gibt es weitere Signale vom Arbeitsmarkt. Eines davon ist die schnelle Verbreitung der Gleitzeiten. Das Motiv für die Einführung der Gleitzeiten war häufig die Vermeidung der Verkehrsspitzenbelastung. Heute dagegen macht es die Unternehmen am Arbeitsmarkt attraktiver.

Die Teilzeitvermittler sind möglicherweise die Vorstufe einer sozialen Revolution. Es gibt inzwischen viele, die ganz regulär für Teilzeit-Vermittler arbeiten, die also die freiere Gestaltung der Arbeitszeit dem gesicherten Arbeitsplatz vorziehen. Die Teilzeit-Vermittler machen die Arbeit frei wählbar und realisieren damit einen alten sozialistischen Traum: die Arbeitsbörse. Von den Nachfolgern der Frühsozialisten werden sie seltsamerweise dafür beschimpft.

Nun mag es scheinen, als ob Entwicklungen zu einer freieren Wahl der Arbeitszeit aus technischen Gründen eng begrenzt seien. Aber die Organisationstechnik – vom Diktiergerät über den Computer bis hin zur Lagertechnik – bietet heute viele Möglichkeiten zur Zusammenarbeit ohne gleichzeitige Anwesenheit. Selbst in der engsten Form der Zusammenarbeit, am Fließband, läßt sich eine weitgehend freie Wahl der Arbeitszeit organisieren. Man braucht mehr »Springer« als heute, man müßte einkalkulieren, daß jederzeit ein gewisser Teil der Arbeitskräfte unbeschäftigt ist, damit das Fließband ständig besetzt werden kann.

Das Fließband und andere repetitive Tätigkeiten sind ohnehin aus technischen Gründen auf dem Rückzug. Schon heute treten weitgehend neue Formen an die Stelle des alten Fließbandes. Einfache routinemäßige Verrichtungen werden in immer größerem Maße automatisiert. Diejenigen Tätigkeiten also, die im besonderen Maße auf gleichzeitige Anwesenheit angewiesen sind, die eine starre Arbeitszeitregelung erfordern, werden durch die Technik mehr und mehr erübrigt.

Organisationstechnisch ließe sich eine freie Wahl der Arbeitszeit in vielen Bereichen verwirklichen. Sie würde Kosten verursachen. Wenn die Menschen Wert darauf legen würden, ihren Arbeitsrhythmus freier zu gestalten, und wenn ihnen diese Möglichkeit beispielsweise 10 Prozent ihres Lohnes wert wäre, so ließe sich freie Wahl der Arbeitszeit in großem Umfang verwirklichen.

Hätte man vor 50 Jahren ein junges Mädchen gefragt, ob es lieber arbeiten oder bei gleichem Lohn nichts tun wolle, so hätte diese Frage zynisch geklungen. Heute ist nicht einmal mehr die Antwort gewiß. In manchen Fällen würde das Mädchen die Arbeit vorziehen. Wenn die Arbeitszeit immer weiter verkürzt wird, wird irgendwann die Arbeit zum Bedürfnis. Das »Arbeitsleid« der überkommenen Wirtschaftstheorie verschwindet.

Es ist nicht unwahrscheinlich, daß eine Tendenz zur freieren Wahl der Arbeitszeit mit einer Erhöhung der tatsächlichen Arbeitszeit einhergeht. Wenn der Gelehrte, der Journalist oder der Unternehmer länger als 50 oder 60 Stunden pro Woche arbeiten, so liegt das daran, daß ihnen die Arbeit Spaß macht, daß Beruf und Hobby zusammenfallen.

Was die Freizeitbeschäftigung von der Arbeit unterscheidet, ist zweierlei: Das Hobby wird zum Vergnügen betrieben und kostet Geld, die Arbeit ist ein bitteres Muß und bringt Geld. Beruf und Hobby unterscheiden sich aber kaum durch die Art der Tätigkeit. Was früher als Hobby reicher Leute galt, wird heute als Beruf betrieben. Offiziere, Gelehrte, Diplomaten, Politiker waren früher oft reich und bezogen höchstens einen Ehrensold. Was man früher nur als Beruf betrieb, ist heute oft Freizeitbeschäftigung.

Das gilt für die ganze »do-it-yourself«-Bewegung. Das sind Beispiele dafür, daß sich die Grenzen zwischen Beruf und Hobby schon heute verwischen. Das »do-it-yourself« ist nicht nur Freizeitbeschäftigung, man spart auch Geld dabei. Zwischen Vergnügen einerseits und »Geldkosten« andererseits besteht ebensowenig eine notwendige Beziehung wie zwischen Arbeit und Mühsal. Das Leistungsprinzip ist heute in den Bereichen, die als Hobby oder Sport gelten, ausgeprägter als in der Berufswelt. Huizinga hat schon vor Jahrzehnten darauf hingewiesen, daß das Spiel eine ernsthafte Angelegenheit ist, daß im Spiel oft mehr Ehrgeiz entwickelt wird als im Beruf.

Die Lohn- und Gehaltsstruktur wird sich unter solchen Einflüssen beträchtlich ändern. Berufe mit hohem Freizeitwert werden schlechter, unangenehme Tätigkeiten werden besser bezahlt werden müssen als heute – so wie ein Unternehmen in München schon heute niedrigere Gehälter zahlen kann als in Castrop-Rauxel. Überkommene Vorstellungen, daß etwa ein Universitätsprofessor mehr verdienen müsse als ein Müllfahrer, wird man revidieren müssen. Professor ist ein Beruf mit hohem Freizeitwert; er wird sich vielleicht mit einem kleineren Gehalt als der Müllfahrer zufrieden geben.

Auch der Doppelberuf wird bei verkürzter und frei wählbarer Arbeitszeit eine alltägliche Erscheinung werden. Wir kennen heute schon die Fälle des Buchhalters, der sich im Keller eine Schreinerwerkstatt einrichtet und für seine Bekannten Möbel schreinert, des Rechtsanwalts, der gelegentlich zum Vergnügen Teppichböden legt, der Hausfrau, die in der Volkshochschule Gymnastikkurse gibt. In einigen Jahrzehnten wird dies vielleicht der Normalfall sein, weil Beruf und Hobby sich ununterscheidbar vermischen.

Das Industriezeitalter hat bisher die Arbeit weitgehend vom Zwang der natürlichen Bedingungen gelöst; es hat die geregelte Arbeitszeit und damit die Unterscheidung von Arbeit und Freizeit, von Beruf und Hobby gebracht. Das Wort »Freizeit« ist noch keine hundert Jahre alt. Das Wort »Hobby« ist noch jünger. In der Zukunft wird es möglich, nicht nur den Zwang der Natur, sondern auch den Zwang der Technik zu überwinden.

Die heutigen Grenzen zwischen Beruf und Hobby und zwischen Arbeitszeit und Freizeit verwischen sich. Für den, dem seine Arbeit Spaß macht, hat das Wort »Freizeit« keinen Sinn, und für den, der seinen Beruf liebt, ist Beruf auch Hobby.

Begriffe wie »Betriebsklima« und »human relations« sind kaum älter als zwanzig Jahre. Früher kümmerte es manche Unternehmensleitung wenig, ob sich die Mitarbeiter wohl fühlten. Heute ist man der Meinung, daß ein Unternehmen mit schlechtem Betriebsklima auf die Dauer kaum Überlebenschancen hat. Man ist jahrhundertelang davon ausgegangen, daß die Arbeit ein Leid, ein bitteres Muß ist – heute gehen viele Unternehmensberater davon aus, daß ein Betrieb in Zukunft nur konkurrenzfähig sein kann, wenn es ihm gelingt, seinen Mitarbeitern Freude an ihrer Arbeit zu vermitteln.

In der Agrargesellschaft gab es kein Arbeitsleben im heutigen Sinne. Die Kinder wurden mit leichten Arbeiten schon früh beschäftigt. Das Kind wuchs langsam in die Aufgaben des Erwachsenen hinein. Der alte Mensch arbeitete bis zu seinem Tode. Wenn seine körperlichen Kräfte nachließen, so tat er die Arbeit, die er noch tun konnte. Das Arbeitsleben begann in der frühen Kindheit und endete mit dem Tode.

Demgegenüber ist das Leben heute in drei feste Zeitabschnitte eingestellt. Das Kind braucht, bis es aus der Schule kommt, überhaupt nicht zu arbeiten. Dann folgt das Berufsleben. Anschließend ist der Mensch Rentner und braucht ebenfalls nicht mehr zu arbeiten.

Dieser Lebensabschnitt ohne Arbeit mochte vor einigen Jahren noch als ein gewaltiger sozialer Fortschritt erschienen sein. Auch hier zeichnet sich ein Wechsel ab. Eine große Zahl von Rentnern übt den Beruf nach der Pensionierung weiter aus, allerdings in eigener Regie. Es gibt viele Rentner, die in ihrem Berufsleben nicht so viel Geld verdient haben wie im Alter. Andere beschäftigen sich nach der Pensionierung mit leichteren Arbeiten gegen geringeres Entgelt.

Wo aber die Alten überhaupt keine Tätigkeit außer der Sorge um ihre eigene Person haben, da entwickeln sich Alterspsychosen und Alterseinsamkeit. Heute empfiehlt die Altenheilkunde Arbeit als Therapie. Die Erkenntnis setzt sich durch, daß das arbeitslose Dasein eines Rentners oft auch als Last und nicht nur als Wohltat empfunden wird. Der »Pensionierungsschock« ist in den Sterbetafeln deutlich zu erkennen.

Die Hausfrauenpsychosen nehmen ebenfalls zu. Die Frage der »grünen Witwen« ist in den letzten Jahren in allen entwickelten Ländern diskutiert worden. Ihre Problematik liegt ähnlich wie die der Alten. Früher war es ein Zeichen des Wohlstands, wenn die Frau im Haushalt bleiben konnte. Dieser Haushalt war aber eine schwierige Aufgabe, weil die Hausfrau ihr Brot selber backen, ihre Wäsche selbst waschen mußte, einen großen Teil der Kleider herstellte und dazu nur primitives Arbeitsgerät hatte. Inzwischen kann man das meiste, was man verzehrt, fertig kaufen; es gibt moderne Arbeitsgeräte, Haushaltsmaschinen, die die Arbeit erleichtern.

Diese Erleichterung hat aber das Leben der Hausfrau nicht unbedingt glücklicher gemacht, sie fühlt sich mehr und mehr überflüssig; sie will ins Arbeitsleben zurück. Die Arbeitsteilung der Geschlechter – der Mann im Beruf, die Frau im Haushalt – stammt aus einer Zeit, in der die Berufsarbeit schwere körperliche Arbeit und die Hausarbeit körperlich leichter war. Das ist längst nicht mehr so, doch die gesellschaftlichen Strukturen sind den wirtschaftlichen Entwicklungen nicht gefolgt.

Inzwischen entwickelt sich eine neue Kinderarbeit; in wohlhabenden Ländern – wie den USA – am deutlichsten. Gerade die Kinder wohlhabender Eltern entwickeln den Ehrgeiz, ihr Taschengeld selbst zu verdienen – sei es als Wagenwäscher, als Anstreicher oder als Nachhilfelehrer.

Die Verminderung der Arbeitszeit, die Freistellung vom Beruf, die Verkürzung des Arbeitslebens sind heute keine uneingeschränkten Ziele mehr. Es geht inzwischen oft um anderes – um die Möglichkeit, Intensität und Dauer der Arbeit an den Leistungsrhythmus des Lebens anzupassen; um die Möglichkeit, Beruf und Neigung zur Deckung zu bringen. Es geht darum, die Wahlmöglichkeit, die heute oft nur zwischen Überbeanspruchung (beim 65jährigen Arbeiter, bei der erwerbstätigen Mutter) und Funktionslosigkeit (bei Rentner und Hausfrau) besteht, zu erweitern.

Unsere gesellschaftspolitische Diskussion, unser Arbeitsrecht, unser Sozialrecht werden immer noch beherrscht von den Gegensätzen zwischen Kapital und Arbeit, zwischen Selbständigen und Unselbständigen, zwischen Arbeitgebern und Arbeitnehmern. Nirgendwo klaffen Sein und Bewußtsein so weit auseinander wie in diesen Bereichen.

Die Einteilung der Produktionsfaktoren in Arbeit, Kapital und Boden diente ursprünglich zur Rechtfertigung der arbeitslosen Einkünfte der Grundbesitzer. Aus dem Kapital wurde der »Kapitalist«, aus der Arbeit wurde der »Arbeiter«. In der ersten Hälfte unseres Jahrhunderts mag man mit einigem Recht so vereinfacht haben. Es gab eine Schicht von Leuten, die ihr Einkommen ganz oder vorwiegend aus Kapital, und eine andere Schicht, die ihr Einkommen ganz aus Arbeit bezog.

Der »Rentier« vergangener Jahrhunderte ist heute verschwunden. Es gibt auch fast niemanden mehr, der seine Einkünfte ausschließlich aus Arbeit bezieht. Angesichts der zunehmenden Vermögensbildung der Arbeitnehmer setzt sich die Entwicklung beschleunigt fort. Zur Zeit von Karl Marx hatten die Industrieunternehmen etwa 90 Prozent Eigenkapital. Heute hat ein Unternehmen in der Bundesrepublik Deutschland nur ein Viertel Eigenkapital. Der Rest ist Fremdkapital, also Sparkapital anderer.

So wie es heute keine eindeutige Zuordnung von Produktionsfaktoren zu Personen mehr gibt, so verschwimmen auch die sozialen Strukturen. Die angestellten Leiter von Unternehmen und die leitenden Angestellten sind eher in einer Position, die früher die Selbständigen auszeichnete. Die selbständigen Zulieferer der Großunternehmen, die als selbständige Unternehmen ausgegliederten ehemaligen Betriebswerkstätten, die Bau- und Fuhrunternehmer mit einem Lastwagen oder einer Raupe sind in einer Situation, die der Unselbständigkeit ähnelt. Die Arbeitssuchenden, die sich von Teilzeit-Vermittlern Arbeit verschaffen lassen, sind eher als selbständige Verkäufer ihrer eigenen Arbeitskraft zu betrachten. Der Schwarzarbeiter arbeitet tagsüber als Unselbständiger, abends und samstags als Selbständiger. (In der Bauwirtschaft sagt man: Die größte Baufirma ist nicht Wayss & Freitag, sondern Schwarz & Samstag)

Zu den seltsamsten Kapiteln der Geschichte der Arbeiterschaft gehört die Genossenschaftsbewegung. In der Produktivgenossenschaft hatte sich die Hoffnung konkretisiert, die Arbeiter könnten ihr Schicksal in eigene Hände nehmen, sich das Kapital dienstbar machen. Sie ist an ganz einfachen organisatorischen Konstruktionsfehlern gescheitert. Die Aktiengesellschaft hat sich durchgesetzt. Die Publikumsaktiengesellschaften haben mehr Aktionäre als Arbeitnehmer. Der Unternehmer ist selbst angestellt.

Ein bekannter Gesellschaftskritiker der Zwischenkriegszeit,

Thorstein Veblen, hat sie aufs Korn genommen (in: »Absentee Ownership«): Die Aktiengesellschaft ist ein Verein. Wer die Räume eines Schachvereins oder das Gelände eines Tennisclubs betritt, erwartet selbstverständlich, daß die Schach- und Tennisspieler Vereinsmitglieder sind. Wer aber das Gelände eines Aktienvereins betritt, würde sich über denselben Sachverhalt wundern. Die Vereinsmitglieder – die Aktionäre – sitzen weit übers Land verstreut und kennen ihren Verein oft nur dem Namen nach. Die Arbeitnehmer aber, die mit dem Schicksal des Vereins eng verbunden sind, sind vereinsrechtlich Außenstehende. Das ist weniger ein soziales als ein wirtschaftliches Problem. Die Eigenkapitalquoten der Unternehmen sinken schnell ab, und es gelingt nicht, die wachsenden Geldersparnisse der Arbeitnehmer den Unternehmen in der Form von Eigenkapital nutzbar zu machen. Es kommt hinzu, daß die rein arbeitsrechtliche Beziehung beim Arbeitnehmer den Eindruck erweckt, Mehrleistung, Sorgfalt und Sparsamkeit im Umgang mit Material vergrößere doch nur den Gewinn des Unternehmens. Der Arbeiter engagiert sich nicht für sein Unternehmen, wie er sich für seinen Sportverein engagiert. Schließlich ist eine Leistungskontrolle des Managements durch externe Kleinaktionäre unmöglich. Die Aktiengesellschaft leidet unter zunehmenden Alterskrankheiten.

Auf der anderen Seite empfinden die Arbeitnehmer zunehmend das Bedürfnis, die Geschicke des Unternehmens mit zu gestalten und auch mit zu verantworten. In einer Reihe von Insolvenzfällen entschlossen sich die Arbeiter spontan, das (insolvente!) Unternehmen selbst zu übernehmen. Untersucht man, warum sich gesellschaftsrechtliche Arbeitsbeziehungen nicht bilden, obgleich sie wirtschaftlich vermutlich überlegen wären, so stößt man darauf, daß im Steuerrecht, im Arbeitsrecht, im Gesellschafts- und im Sozialversicherungsrecht so hohe Barrieren aufgebaut sind, daß sie nicht überstiegen werden können. Steinbrenner hat gezeigt (in: »Arbeitspartizipation«) wie eine Arbeitsgesellschaft, also eine Weiterentwicklung der Produktivgenossenschaft, auszusehen hätte und welche gesetzlichen Voraussetzungen sie erfordert.

Bei sachgerechter Organisation könnten im Laufe zweier Jahrzehnte die Unternehmen überwiegend ihren eigenen Arbeitnehmern gehören – und zwar mit Vorteilen nicht nur für die Arbeitnehmer, sondern auch für die bisherigen Unternehmer. Die Wirtschaft ist kein Nullsummenspiel; organisatorischer Fortschritt wirft Rendite für alle ab. Damit würde sich der Unterschied zwischen Selbständigkeit und Unselbständigkeit (welches Wort!) vollends verwischen. Auch für den Arbeiter gäbe es eine Karriere: vom Lohnarbeiter zum Teilhaber. Hier würde die alte Handwerksordnung mit wandernden Gesellen und seßhaften Meistern (Teilhabern) wieder aufleben.

Seit einiger Zeit wird weit über den Kreis der Managementfachleute hinaus eine Diskussion um McGregors »Theorie X« und »Theorie Y« geführt. McGregor behauptet, daß die ältere Literatur zur Unternehmensführung auf der »Theorie X« beruht: Der Mensch ist faul, und man kann ihn nur durch geeignete Lohnsysteme (z. B. Akkordlöhne) zu Leistungen bringen. Die große Masse will keine Verantwortung übernehmen. Sie muß kontrolliert werden. Ideen hat nur eine kleine Schicht von Managern. In der Masse der Arbeitenden finden sich weder Initiative noch Kreativität.

Dem stellt McGregor seine »Theorie Y« gegenüber: Der Mensch arbeitet von Natur aus gern. Man braucht ihn nicht zu motivieren, er ist motiviert. Der Mensch braucht nicht kontrolliert zu werden, weil er keine Verantwortung übernehmen will, sondern umgekehrt, der Mensch muß nur dann kontrolliert werden, wenn man nicht bereit ist, ihm Verantwortung zu übertragen. Schöpferische Begabung ist breit gestreut, sie entfaltet sich nur deshalb nicht, weil man die Möglichkeit dazu blockiert. Die Möglichkeit zur Selbstverwirklichung und Selbstverantwortung ist selbst eine Form des Wohlstands – aber diese Form kostet nichts; sie erhöht die wirtschaftliche Leistung.

Keynes hat den Zeitbedarf für den Übergang vom »Reich der Notwendigkeit« ins »Reich der Freiheit« auf 100 Jahre geschätzt. Das ist vierzig Jahre her. Seitdem hat es eine Zunahme des Wohlstands wie nie zuvor in der deutschen Geschichte gegeben. Inzwischen hat der Prozeß der Bürokratisierung Wachstumsreserven blockiert, deren Größe kaum abschätzbar ist. Die Kräfte verzehren sich gegenseitig. Wir betreiben eine gewaltige Verschwendung mit der einzigen Ressource, die wirklich knapp ist – schöpferische Phantasie.

Wenn die materiellen Bedürfnisse weitgehend befriedigt sind, dann wird das Geld zur Motivation unwichtig, die Anerkennung durch die Mitmenschen wird an seine Stelle treten. Keynes Prognose zeigt die ersten Konturen – nicht als eine Welt, die sein wird, sondern als eine Welt, die sein kann.

# Zukunft II: Schumpeters Alptraum

Der größte Bewunderer der kapitalistischen und demokratischen (der »bürgerlichen«) Gesellschaft war zugleich der solideste Prophet ihres Untergangs: Joseph Schumpeter. Seine Gedanken finden sich schon in mehreren Aufsätzen in den zwanziger und dreißiger Jahren. Zusammengefaßt hat er sie erst 1942 in seinem Werk »Capitalism, Socialism and Democracy«: Demokratie und Markt werden im Sozialismus abgelöst durch Diktatur und Bürokratie.

Kapitalismus ist für Schumpeter permanente Revolution: »Der Kapitalismus ist seiner Natur nach eine Methode des Wandels«. Der Fortschritt wird von Neuerern und Unternehmern getragen, die ständig neue Produkte, neue Produktionsmethoden, neue Organisationsformen schaffen und durchsetzen. Die alten Produkte, Methoden, Produktionsanlagen werden durch neue ersetzt, entwertet. Dieser Prozeß der »Schöpferischen Zerstörung« ist das eigentliche Charakteristikum des Kapitalismus. Das System als Ganzes wird immer produktiver, schafft immer mehr Wohlstand und Freiheit.

Damit aber programmiert es seinen eigenen Untergang. Der außerordentliche Wohlstand erlaubt es der Gesellschaft, eine immer größere Klasse von Unproduktiven zu unterhalten. Diese Intelligenzschicht ist unkundig in praktischen Dingen. Sie wird destruktiv. Eine wachsende Zahl von Intellektuellen muß sich irgendwie beschäftigen, um ihre Existenz zu rechtfertigen. Das Ziel der Kritik kann nur das System und damit der Unternehmer sein.

So entsteht ein ganz neuer Klassenkonflikt: Produktive Klasse (das sind Manager, Unternehmer, Angestellter und Arbeiter) auf der einen, Unproduktive auf der anderen Seite. Helmut Schelsky hat das Thema kürzlich wieder aufgenommen (in: »Die Arbeit tun die andern«). Die »Sinnproduzenten« beuten die Warenproduzenten aus. Die Arbeiter selbst sind im Hochkapitalismus nicht mehr revolutionär. Sie haben Interesse an der Erhaltung eines Systems, das ihnen mehr Wohlstand und Freiheit gebracht hat, als es in der Geschichte jemals gegeben hat. Die Schicht der Intellektuellen bedient sich jedoch des Marxismus, um die Arbeiter auf ihre Seite zu ziehen. Obgleich das objektive Interesse der Arbeiterschaft den Ausbau des Kapitalismus fordert, werden sie von den sprach- und redegewandten Intellektuellen verführt.

Die Wirkung dieses Prozesses zeigt sich zuerst im politischen System. Die beiden Grundpfeiler der Marktwirtschaft, Eigentum und Vertragsfreiheit, werden immer mehr ausgehöhlt. Wachsende Unternehmerfeindlichkeit schlägt sich in hoher Besteuerung von Gewinneinkünften nieder. Die Nutznießung des Eigentums wird beschränkt. Durch gesetzliche Regulierung und Kontrollen wird auch das Verfügungsrecht über das Eigentum beschnitten. Die Vertragsfreiheit wird durch zwingendes Recht eingeengt.

Wachsende Bürokratisierung und Beschneidung der Chancen für »hungrige« junge Unternehmer sperrt den Markt für neue Unternehmen. Die »alten« Unternehmen bürokratisieren sich selbst und werden durch den Gesetzgeber bürokratisiert. Es kommt – weil Neugründungen von Unternehmen immer seltener werden – zur Konzentration.

Damit aber werden die Unternehmer allein wegen ihrer geringen Zahl zu einer politisch einflußlosen Schicht. Die wachsende Unternehmerfeindlichkeit führt schließlich zur falschen Personalauswahl. Für kreative und aktive junge Leute wird der Beruf des Unternehmers immer weniger reizvoll. In den Großunternehmen kommen nicht Neuerer und Pioniere an die Spitze, sondern Verwalter und Konfliktmanager. Damit aber machen sich die Unternehmer selbst überflüssig. Sie erfüllen ihre gesellschaftliche Aufgabe – Neuerung und schöpferische Zerstörung – immer weniger. Die Aktie wird vom Risikopapier immer mehr zu einer Art Rentenwert. Politische Einflußlosigkeit und Verlust der wirtschaftlichen Funktion sind die Vorstufen der Sozialisierung der Unternehmen. Damit endet letztlich auch die Demokratie. Die Intellektuellen würden auch im Sozialismus Gesellschaftskritik betreiben – was die Herrschenden dann unterbinden.

Schumpeters Prognose ist in ihren Grundzügen fast fünfzig Jahre alt; sie hat sich als bedrückend realistisch erwiesen. Der Nobelpreisträger Friedrich von Hayek hat vor vierzig Jahren in seinem Werk »Der Weg in die Knechtschaft« die andere Seite der Medaille gezeigt. Wenn der Staat durch zwingendes Recht in den Markt bzw. ins Preissystem eingreift, dann erzeugt er Ausweich- und Gegenreaktionen bei den Betroffenen. Will er seine ursprüngliche Absicht durchsetzen, dann muß er nun auch die Reaktionen unterbinden usw. Ein ursprünglicher Eingriff zieht den nächsten nach sich. Die Intervention breitet sich wie ein Ölfleck auf dem Wasser aus. Das Ende ist der Verlust der Freiheit, ist Knechtschaft, ob nun mit linkem oder mit rechtem Anstrich.

Diese These wurde von »aufgeklärten« linksliberalen Akademikern viel verspottet. Doch hat die Entwicklung Hayek in vielfältiger Weise bestätigt. Die Monopolisierung des Geldwesens mußte zur Aufhebung der Einlösungspflicht, die Aufhebung der Einlösungspflicht zum Annahmezwang führen. Die Umgehung des Staatsmonopols durch die Banken wurde mit verschärfter Bankkontrolle beantwortet, mit Devisenbewirtschaftung und Verbot von Geldwertsicherungsklauseln. Das Ende des freien Bankwesen ist in manchen Ländern abzusehen. Dabei wird das Geld immer schlechter, und die Krisen werden immer schwerer.

Viele solcher Fälle wurden dargestellt: Die Unterdrückung der Marktreaktionen in Ballungsgebieten verstärkte die Probleme der Ballung, kostet gewaltige Subventionen. Dadurch erzeugt man in anderen Gebieten Abwanderung, die mit anderen Subventionen bekämpft werden muß. Die erste Marktordnung der EWG machte den Weizenbau besonders lukrativ und die Tierhaltung unrentabel. Also brauchte man weitere Marktordnungen für Milch, Rindfleisch, Schweine, und dadurch wurden wieder neue Ordnungen nötig. Viele »Ordnungen« ergeben ein Chaos: Vernichtung von Nahrungsmitteln, Rindfleischberge, Butterberge und Weinseen wechseln sich ab. Um die Arbeitnehmer zu schützen, wurde die Entlassung erschwert – mit der Folge, daß die Unternehmen Arbeit durch Maschinen ersetzen. Was zum Schutz der Arbeitnehmer gedacht war, erzeugt Massen- und Dauerarbeitslosigkeit – und der wird man mit neuen administrativen Maßnahmen zu begegnen suchen.

Jeder Eingriff gegen den Markt zieht Dutzende von Weiterungen nach. Man erzeugt eine Gesetzesflut, eine überdimensionierte Bürokratie, einen Kampf aller gegen alle, bis schließlich – so wieder Schumpeter – der Sozialismus als Erlösung empfunden wird. In Italien ist es bald so weit. In Deutschland braucht es nicht so weit zu kommen.

# Die Kunst, Probleme zu lösen: Archimedes oder Herkules

In der griechischen Mythologie gibt es vier Gestalten von Problemlösern. Der erste ist Sisyphus. Er trägt Steine einen Berg hoch, legt sie oben hin, und sie rollen auf der anderen Seite wieder herunter. Trotz gewaltiger Anstrengung bleibt die Arbeit vergeblich. Der Zweite war Prokrustes: Er legte seine Opfer in ein Bett. Waren sie zu groß, dann sägte er sie ab, waren sie zu klein, dann zog er sie so in die Länge, bis sie das Bett ausfüllten. Der dritte ist Herkules: Er ist so stark, daß er den nemeischen Löwen mit der Hand töten, den Riesen Antäus in der Luft erwürgen kann. Der vierte schließlich ist Archimedes. Er ist weder stark noch mächtig. Er bedient sich nur der natürlichen Kräfte, lenkt sie und erzielt damit große Wirkungen.

Sisyphus scheitert, weil er die natürlichen Gesetzmäßigkeiten nicht beachtet: Steine, die man auf einen Abhang legt, rollen herunter. Das ist die Methode, nach der ein großer Teil unserer Gesellschaftspolitik gemacht wird. Wir haben die Methode »Sisyphus« kennengelernt im Gesundheitswesen, in der Regional- und Verkehrspolitik, in der Tarifpolitik. Es gibt eine Fülle weiterer Beispiele dafür, die hier nicht genannt wurden: in der Vermögenspolitik, der Geld- und Währungspolitik, im Wohnungswesen, im Steuersystem und der Finanzverfassung, der Agrarpolitik u. a. m. In all diesen Fällen versucht der Staat zu verhindern, daß die Menschen ihren eigenen Interessen folgen, oder er konstruiert Systeme in der Hoffnung, daß die Menschen sich gegen ihre Interessen und im Sinne des allgemeinen Wohls verhalten. Beides führt nur zu nutzloser Verschwendung.

Die Methode »Prokrustes« ist das Problemlösungsverhalten von Planwirtschaften. Weil diese Systeme nicht mit den

Menschen funktionieren, wie sie sind, so paßt man die Menschen dem System an. Sie werden mit einem dichten Netz von Vorschriften, Geboten, Verboten und Strafdrohungen umgeben. Unfreiheit und Ineffizienz treten notwendig gemeinsam auf: wem Prokrustes die Beine abgesägt hat, der ist sowohl unfrei wie ineffizient.

Die Methode »Archimedes« – auf gesellschaftliche Fragen übertragen – bedient sich der Neigungen, Wünsche, selbst der Schwächen der Menschen, um einen gewünschten Erfolg zu erreichen. Das ist das Problemlösungsverhalten von Märkten, läßt sich aber weit über den engeren Bereich der Wirtschaft hinaus anwenden. Ich habe an einer Reihe von Beispielen zu zeigen versucht, was das konkret bedeutet (zusammen mit Wolfgang Stützel bei der Bildung von Produktivvermögen in Arbeitnehmerhand, zusammen mit Peter Steinbrenner bei der Selbstbestimmung der Arbeitnehmer, zusammen mit Joachim Mitschke und Bernd Starkloff bei der direkten Besteuerung, alleine im Bildungswesen und demnächst im Geldwesen).

Nehmen wir an, die Gebühren würden zwischen den Fernsehanstalten nicht nach einem festen Schlüssel, sondern nach der Einschaltquote verteilt. Dann würde diejenige Fernsehanstalt mehr verdienen, könnte höhere Gehälter zahlen, die mehr Zuschauer hat. Die milde Langeweile, die das Fernsehen heute verbreitet, wäre rasch verschwunden; die Begrenzung der Sendezeit auf wenige Stunden am Tag ließe sich nicht halten. Die Anstalten müßten um den Zuschauer als Kunden konkurrieren. Sie hätten Interesse am Zuschauer und Interesse an kostengünstiger Produktion. Beides fehlt heute. Ein einfaches Marktelement – Verteilung der Gebühren nach Leistung – brächte ein ganz anderes Verhalten der Anstalten hervor.

Staatliche Kindertagesstätten dürften heute den Staat zwischen 250 und 350 DM pro Kind und Monat kosten. Würde man nur die Hälfte dieser Summe an private Kindergärten als Subvention zahlen, so gäbe es keinen Mangel an Kindertagesstätten. Mehr Betriebe hätten nämlich Kindertagesstätten eröffnet (die es heute auch ohne Subvention schon gibt), um am Arbeitsmarkt konkurrenzfähig zu sein. Für die Mütter wäre das eine große Erleichterung: Der Weg des Kindes zur Tagesstätte ist derselbe wie der der Mutter zur Arbeit. Der Kindergarten ist genau dann geöffnet, wenn die Mutter arbeitet. Vor allem aber wäre es um die Qualität solcher Tagesstätten besser bestellt: Ein besonders guter Kindergarten wäre ein starkes Argument für die Eltern. Die Konkurrenz am Arbeitsmarkt sorgte für leistungsfähige Kindergärten.

Wären die Universitäten gezwungen, ihre Kosten über Studiengebühren zu decken, während der Staat den Studenten entsprechend hohe Stipendien zahlt, dann brauchte man weder über den numerus clausus noch über die Studienreform Konferenzen abhalten, Kommissionen einzusetzen, Reformpläne zu beraten. Studenten wären Kunden der Universitäten. Die Universitäten hätten großes Interesse, möglichst viele Studenten zu bekommen, würden ihre Studiengänge ständig den neuesten Erkenntnissen anpassen, damit sie von vielen Studenten gewählt werden.

All dies sind Möglichkeiten, »mehr Markt« einzurichten. Man könnte sie beliebig weiterspinnen: ob Gemeinden oder Strafvollzugsanstalten, Justiz oder Kirche – überall kann man die Interessen und Neigungen der Menschen besser in den Dienst der Sache stellen.

Der Markt oder die »Methode Archimedes« ist ein allgemeines soziales Problemlösungsverfahren. Man kann es nicht nur auf die Produktion von Gütern, sondern ebenso – dem betreffenden Problem angemessen – auf Bildung, Erziehung, Fernsehen, Justiz, auf Religion oder Strafvollzug anwenden. Man kann die Menschen für ihre Aufgabe motivieren – wenn man sie nicht motiviert, muß man sie zwingen und kontrollieren.

Viele Politiker klagen darüber, das Vernünftige sei »politisch nicht durchsetzbar«. Viele Bürger sehnen sich mehr und mehr nach einem starken Mann, der endlich mit den Partikularinteressen aufräumt, sich gegen die Interessengruppen durchsetzt. Aber diesen Herkules gibt es nicht, und es sollte ihn auch nicht geben. Unsere Probleme sind komplizierter als das Töten von Löwen und das Fangen von Stieren. Wer allerdings die sozialen Mechanismen kennt und

sie nutzt, kann oft mit kleinen unauffälligen Änderungen den Dingen einen anderen Lauf geben – so wie der Jiu-Jitsu-Kämpfer nur wenig Kraft braucht. Auch hier besiegt Archimedes den Herkules.
Bei seiner schwersten Aufgabe hat sich auch Herkules der Methode »Archimedes« bedient. Als er die Ställe des Augias ausmisten sollte, hat er einen Fluß durch den Stall gelenkt.

## Ausgewählte Literatur


*Bell, Daniel,* The Coming of the Post-Industrial State, London 1974

*Biedenkopf, Kurt,* Fortschritt in Freiheit, München, Zürich 1974

*Brittan, Samuel,* Die Ökonomie der Freiheit, Frankfurt 1976

*Buchanan, James,* The Limits of Liberty, Chicago und London 1975

*Buchanan, James, und Tullock, Gordon,* The Calculus of Consent, Ann Arbor 1962

*Carsons, Richard L.,* Comparative Economic Systems, New York 1973

*Dahl, Robert A.,* Und nach der Revolution? Frankfurt 1975

*Dahl, Robert A., und Lindblohm, C. E.,* Politics, Economics and Welfare, New York 1953

*Downs, Anthony,* Inside Bureaucracy, Boston 1967

– Ökonomische Theorie der Demokratie, Tübingen 1968

*Eick, Jürgen,* Wie man eine Volkswirtschaft ruiniert, Frankfurt/M. 1974

*Engels, W., Sablotny, H., Zickler, D.,* Das Volksvermögen, Frankfurt/M. 1974

*Friedman, David,* The Machinery of Freedom, New York 1973

*Friedman, Milton,* Kapitalismus und Freiheit, Stuttgart 1972

*Galbraith, John Kenneth,* Die moderne Industriegesellschaft, München, Zürich 1968

*Hayek, Friedrich,* Der Weg in die Knechtschaft, München 1971
– The Constitution of Liberty, London 1960

*Hirschmann, Albert,* Abwanderung und Widerspruch, Tübingen 1974

*Illich, Ivan,* Selbstbegrenzung, Reinbek 1975

*Keynes, John Maynard,* Essays on Persuasion, London 1933

*Kohr, Leopold,* Die Überentwickelten oder die Gefahr der Größe, Düsseldorf/Wien 1962

*Lauxmann, Frieder,* Was sind uns die Beamten wert, Stuttgart 1974

*Leipold, Helmut,* Wirtschafts- und Gesellschaftssysteme im Vergleich, Stuttgart 1976

*Lindbeck, Assar,* The Economics of the New Left, New York, 1971
– Die Ökonomie der Neuen Linken, Göttingen 1973

*Mises, Ludwig von,* Bureaucracy, New Haven 1944

*Niskanen, William A.,* Bureaucracy: Servant or Master?, London 1973

*Nozick, Robert A.,* Anarchy, State and Utopia, Oxford 1974
– Anarchie, Staat, Utopia, Stuttgart 1976

*Pieroth, Elmar (Hrg.),* Die 8 Stunden am Tag, München 1974
engl. Original: Work in America

*Rawls, John,* A Theory of Justice, Cambridge (Mass.) 1971

*Sik, Ota,* Der dritte Weg, Hamburg 1972
– Das kommunistische Machtsystem, Frankfurt/M. 1976

*Schelsky, Helmut,* Die Arbeit tun die andern, Opladen 1975

*Schumacher, Ernst F.,* Small is beautiful, Economics as if People mattered, New York 1973
deutsch: Es geht auch anders, München, Wien, Basel 1974

*Schumpeter, Joseph,* Theorie der wirtschaftlichen Entwicklung, 2. Aufl., Leipzig 1926
– Kapitalismus, Sozialismus und Demokratie, Bern 1950

*Weber, Max,* Wirtschaft und Gesellschaft, Köln und Berlin 1964